Pythonで学ぶ 機械学習

まえがき

■ 本書の目的

「機械学習」の技術は、さまざまな分野で応用され、活躍しています。

特に、2012年ごろから「深層学習」（ディープラーニング）の登場により、従来の手法と比べてさまざまな分野で圧倒的な成果を出し、現在の「第3次AIブーム」のきっかけとなりました。

本書では、機械学習の従来手法から「深層学習」（ディープラーニング）までについて原理と、「Python」を用いた実装例を初学者向けに分かりやすく解説します。

■ 本書の読者

本書は、以下の読者を対象としています。

・これから機械学習の基礎について学ぼうと思っている方
・機械学習のアルゴリズムをプログラミングで実装したい方
・プログラミング言語「Python」の応用方法や機械学習モジュール「Scikit-learn」、深層学習モジュール「Keras」に興味のある方

■ 読者の前提知識

・数学の基礎知識（行列、ベクトル、微積分の基礎が分かればOK）
・Pythonの基本文法（NumPyも少しだけ使います）

■ 本書の構成

本書は以下の構成になっています。

・1章　機械学習の原理

機械学習の基本的なアルゴリズム（原理）について解説しています。

・2章　機械学習の実装

プログラミング言語「Python」、機械学習モジュール「Scikit-learn」、深層学習モジュール「TensorFlow/Keras」を用いて、**1章**で学んだ機械学習のアルゴリズムを実装する方法を解説します。

西住　流

Pythonで学ぶ 機械学習

CONTENTS

サンプルのダウンロード

本書の**サンプルデータ**は、サポートページからダウンロードできます。

http://www.kohgakusha.co.jp/support.html

ダウンロードしたZIPファイルに、下記のパスワードを「大文字」「小文字」に注意して、すべて「半角」で入力し、解凍してください。

GTa781Lb

※ パスワード付きZIPファイルがうまく解凍できない場合は、別の解凍ソフト（「7-Zip」など）をお試しください。

第1章

機械学習の原理

本章では、まず「機械学習とはどういったものなのか」といった仕組みについて紹介します。

まずは、機械学習の中でも基本的な手法である「線形回帰（単回帰、重回帰）」「サポート・ベクター・マシン（SVM）」「ニューラル・ネットワーク」の原理から紹介していきます。

そして、最後に「ディープラーニング（深層学習）」について紹介します。

数式がよく出てきますが、「線形代数」や「微積分」の基礎知識があれば理解できるレベルとなっています。

1.1 「機械学習」とは

■【機械学習とは】「教師あり学習」「教師なし学習」の違い

「機械学習」(machine learning) とは、人間が経験的に行なっているさまざまな学習活動を、コンピュータでも実現させるための技術です。

コンピュータの発展とともに「機械学習」の技術も飛躍的に向上しています。

さまざまな分野に応用されていますが、一例を挙げると以下の通りです。

分　野	機械学習の実用例
金融	過去のデータから株価予測
医療	過去の患者達のデータから病気を判別
自動車	自動運転

機械学習の基本用語は次の通りです。

学習	大量のデータ（説明変数・目的変数）から最適なパラメータ（予測を計算するための係数、重みなど）を計算すること。
モデル	利用するモデル式、計算したパラメータ群
予測	モデルに入力（新しい説明変数）を与えて出力（目的変数）を計算すること。

「問題の性質」「学習時間」「手持ちのデータの量・質」「実装・運用時のコスト」「解釈の容易性（結果説明のしやすさ）」「予測精度（性能）」を考慮して最適な学習方法を選択します。

※ 一般的に「解釈の容易性」と「予測精度」はトレードオフの関係にあります。

■ 教師あり・なし学習

「機械学習」の手法はさまざまですが、大別すると以下の3つあります。

種　別	概　要
教師あり学習	「教師データ」を用いて学習を行なう。さらに教師あり学習は「回帰」と「分類」に大別される。 「回帰」は、入力データ（説明変数）に対応する出力値（目的変数）を近似（予測）する。 「分類」は入力がどのクラスに属するかを判別する。
教師なし学習	「教師データ」を用いずに学習を行なう。代表的な手法は「クラスタリング」と「次元削減」。
強化学習	収益を最大化するような方策を獲得する。

1.2 回帰分析

「回帰分析」では、「結果データ」と「結果に影響を及ぼすデータ」の関係性を統計的に求める手法です。

この2つのデータの関係性が分かれば、将来どのような結果となるかの予測を行なうことができます。

このとき、結果データを「目的変数」、結果に影響を及ぼすデータを「説明変数」といいます。

（一般化）線形回帰は、連続値を予測します。

説明変数が1つの場合は「単回帰」、複数の場合は「重回帰」と言います。

・「線形回帰」の詳細

特性	予測対象：連続値，学習タイプ：教師あり， 可読性：○，並列処理：×
特徴	・最小二乗法や最尤推定によって回帰直線の係数と切片を求めます。 ・「重回帰分析」を行なう場合、「多重共線性」（相関係数が高い特徴量の組を同時に説明変数に選択すると、予測精度が悪くなる現象）に注意する必要がある。 　具体的には、相関係数（特徴量同士の相関の正負の強さを −1 以上 1 以下の値で表わす）が± 1 に近い特徴量の組を作らないように、各組の相関係数を見ながら特徴量をうまく取り除く。

1-2-1 単回帰分析

「単回帰分析」とは、以下のようなモデル（式）を用いて予測する手法です。

・「単回帰直線」の式

$$\hat{y} = a * x + b \tag{1}$$

変数	説明
$\hat{y}$	目的変数（予測値）
y	目的変数（観測値）
x	説明変数（目的変数と相関のある観測値）
a	相関係数（重み、回帰係数）
b	切片（定数）

「相関係数」（重み）は、目的変数が説明変数に対してどのくらい影響を及ぼすかを示します。

「単回帰分析」の流れは、次の通りです。

①「目的変数」と「説明変数」の観測値のセット (x, y) を用意する。
② (x, y) から「最小二乗法」で「単回帰直線」の式を求める。
③ 求めた単回帰直線の式を決定係数「R」で評価する。
④ 評価の結果がよければ、生成したモデル（単回帰直線の式）に説明変数の観測値を「x」に入れて予測値「$\hat{y}$」を求める。

●「単回帰分析」の例

「単回帰」の式のイメージを掴むために、「地価の予測」を例に考えてみます。

・式

地価 = 重み１ × 立地条件 + 定数

パラメータ	項　目
目的変数	地価
説明変数	立地条件
相関係数	重み１（立地条件が地価に与える影響）
切片（定数）	立地条件以外の要因からなる数値（治安状況、景気の影響など）

●「回帰直線」の求め方

「単回帰分析」では、まずデータの散布図から「回帰直線」を求めます。

「回帰直線」は、観測データ (x, y) の各点との残差が最も小さくなるようにします。

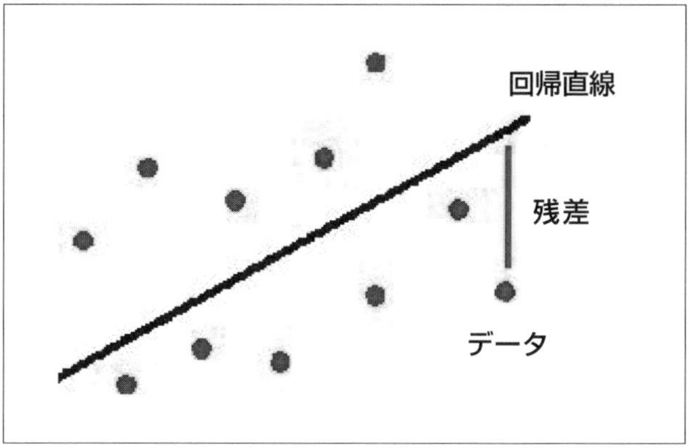

各点の残差の合計が最も小さくなるように直線を求めるために「最小２乗法」を用います。

最小２乗法では、「傾き a」（相関係数、重み）と「切片 b」を以下の式で求めます。

$$a = \frac{S_{xy}}{S_x}$$
$$b = \overline{y} - a\overline{x} \qquad (2)$$

変数	説明
S_{xy}	(x, y) の共分散
S_x	x の分散
$\overline{x}$	x の平均
$\overline{y}$	y の平均

事前に用意したデータセット (x, y) から「$\overline{x}, \overline{y}$」「$a$」を求めます。

それが求まれば「b」も計算でき、単回帰直線の式が求まります。

● 決定係数(寄与率)

「決定係数」(寄与率)とは、単回帰の式の正当性を確かめるための指標です。

「回帰式」がどのくらい実際のデータ全体に対して近いのかを示すために決定係数「R」を計算します。

決定係数「R」は、「0」から「1」の値をとります。

全データが回帰直線の近くにあるほど「1」に近づきます。

寄与率は、単に「決定係数」をパーセント表示にしたものです(決定係数1＝寄与率100%)。

決定係数「R」が「1」(寄与率が100%)に近いほど、回帰直線は説明力のあるものであるといえます。

$$R = \frac{\sum_{i=1}^{n}(\widehat{y_i} - \overline{y})^2}{\sum(y_i - \overline{y})} = 1 - \frac{\sum_{i=1}^{n}(y_i - \widehat{y_i})^2}{\sum(y_i - \overline{y})} \qquad (3)$$

つまり、「決定係数」は、

1 −(偏差の平方和)/(偏差の全平方和)

で計算できます。

1-2-2　重回帰分析

●「重回帰分析」とは

「重回帰分析」とは、以下のようなモデル（式）を用いて予測する手法です。

$$\hat{y} = a_1x_1 + a_2x_2 + \quad + a_nx_n + b \qquad (1)$$

パラメータ	説　明
$\hat{y}$	目的変数（予測値）
y	目的変数（観測値）
x_i	説明変数（目的変数と相関のある観測値）
a_i	相関係数（重み、偏回帰係数）
b	切片（定数）

「相関係数」（重み）は、「目的変数」が各説明変数に対してどのくらい影響を及ぼすかを示します。

「単回帰分析」の「説明変数」が複数になったものが「重回帰分析」です。

「説明変数」が複数になったので、「単回帰」よりも正確なモデルを立てやすくなります。

＊

「単回帰分析」の流れは、次の通りです。

---

[1]「目的変数」と「説明変数」の観測値のセット $(x_1, x_2 \ldots x_n, y)$ を用意する。
[2] $(x_1, x_2 \ldots x_n, y)$ から「最小二乗法」で連立方程式の式を求める。
[3] 求めた重回帰直線の式を決定係数「R」で評価する。
[4] 評価の結果が良ければ生成したモデル（単回帰直線の式）に説明変数の観測値を $(x_1, x_2 \ldots x_n, y)$ に入れて、予測値「$\hat{y}$」を求める。

●「重回帰分析」の例

「重回帰」の式のイメージを掴むために、地価の予測を例に考えてみます。

・式

地価 = 重み1 × 最寄り駅までの距離 + 重み2 × 最寄りスーパーまでの距離 + 定数

パラメータ	内容
目的変数	地価
説明変数	最寄り駅までの距離、最寄りスーパーまでの距離
相関係数	重み1（立地条件が地価に与える影響）
切片（定数）	その他の要因からなる数値（治安状況、景気の影響など）

● 決定係数「R^2」

「単回帰分析」と同様に、決定係数「R^2」によって求めた「回帰直線」が、どの程度優れているか調べることができます。

決定係数「R^2」は、予測値の分散「$S_{\hat{y}}$」と観測値「y」から以下の計算式で求まります。

$$R^2 = \frac{S_{\hat{y}}}{S_y} \qquad (2)$$

決定係数「R^2」は「0～1」の値を取り、「1」に近づくほど精度が良いことを示します。

1.3 サポート・ベクター・マシン (SVM)

■「サポート・ベクター・マシン」とは

「サポート・ベクター・マシン」(通称:SVM) とは、高い汎化性能をもつ「線形識別器」の1つです。

2つのクラスがある2次元データ「x_n」がいくつかあるとします。

このとき、平面上に次式のような境界線 (直線) を引くことで識別を行ないます。

$$y = wx + w_0 \tag{1}$$

「SVM」では、いかに2つのクラスをきれいに分ける境界線を引けるかが課題となります。

そのために、「SVM」では「マージン最大化」というアイデアを用います。

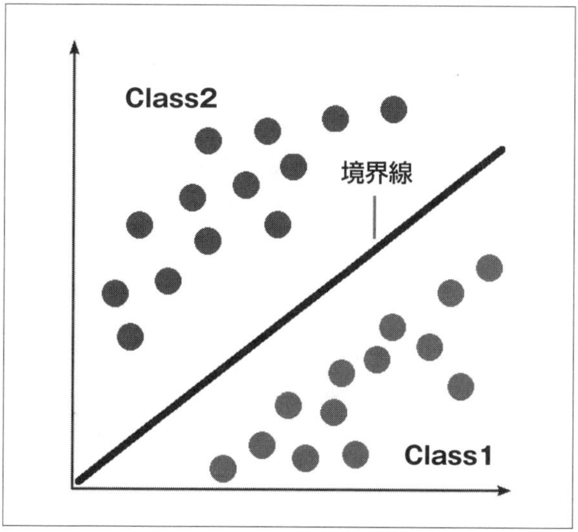

■ マージン最大化

「マージン」とは、「境界線」と「2つのクラス」間の「距離M」のことです。

「マージン最大化」は、「距離M」が最大となるように境界線を決定することです。
距離が大きくなるほど、より多くの未学習データの判別が可能となります(汎化能力の向上)。

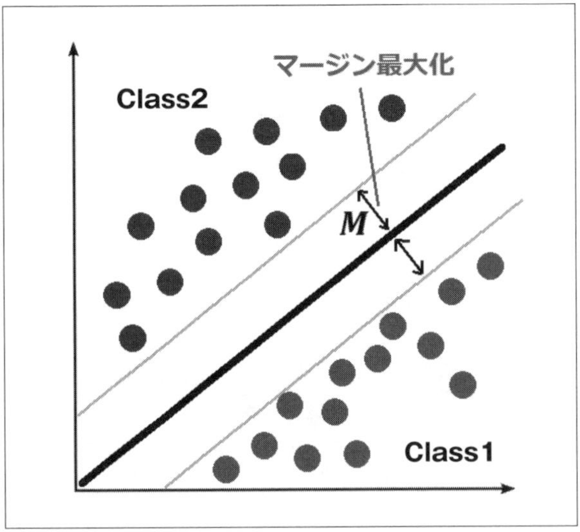

■ ソフトマージンSVM

「マージン最大化」によって境界線を決めると述べました。
しかし、現実の問題は、データにノイズが混じっており、きれいに分離できないことが多いです。

そこで、データにノイズが混じっている場合にも対応した「SVM」を、「ソフトマージンSVM」といいます。

1.4 ニューラル・ネットワーク

■「ニューラル・ネットワーク」とは

脳内には、「ニューロン」（神経細胞）が無数にあります。

ニューロン同士は「シナプス」でつながっています。

入力される電気信号の電位がある閾値を超えると発火し、「シナプス」によって次の「ニューロン」に電気信号を出力します。

この動作を各ニューロンへ繰り返ししていくことで、脳は「電気信号」（情報）を伝達します。

「ニューラル・ネットワーク」では、この「脳が電気信号（情報）を伝達する仕組み」を表現することを目指した数学モデルです。

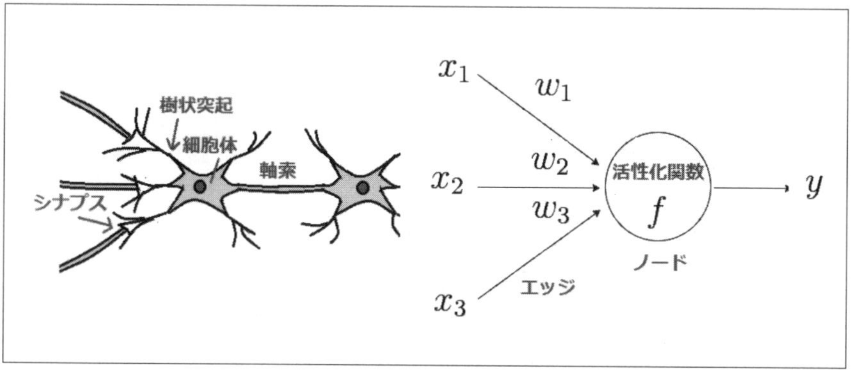

モデル図
ニューロン（左）、数学モデル（右）

「ニューロン・モデル」では、細胞体を「ノード」、軸索を「エッジ」、シナプスを「活性化関数」で表現します。

ニューロン	数学モデル	役割
入力信号	x_1, x_2, x_3	入力値
出力信号	y	出力値
軸索	エッジ	入出力端子
樹状突起	結合荷重 w_1, w_2, w_3	シナプスそれぞれがもつ信号の伝達効率

細胞体	ノード（活性化関数 h）	① 入力の重み付き和を計算 ② 計算結果が閾値を超えたら「1」、そうでなければ「0」を出力

● **重み付き総和**

入力の重み付き総和「x」は、以下の式で計算します。

$$x = x_1 w_1 + x_2 w_2 + x_n w_n = \sum_{i=1}^{n} x_i w_i \tag{1}$$

■ 活性化関数

「活性化関数」では、重み付き和「x」が、ある閾値を超えていれば「1」を、そうでなければ「0」を出力するように設計します。

これは、電気信号がある電位を超えたときに急激に発火するニューロンの特性を表現したものです。

「活性化関数」としてよく利用される関数は、次の通りです。

関数名	関　数
ステップ関数 （ヘビサイド関数、階段関数）	$f(x) = \begin{cases} 1 & (x \geq 0) \\ 0 & (x < 0) \end{cases}$
シグモイド関数	$f(x) = \dfrac{1}{1 + e^{-x}}$
線形ランプ関数	$f(x) = x_{+} = max(0, x)$

「T」は、ある閾値です。

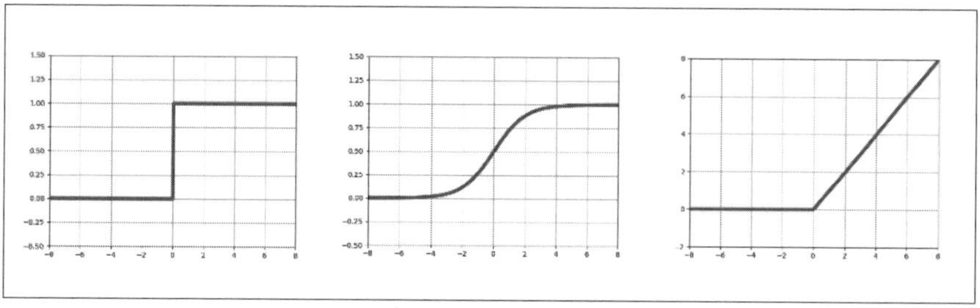

左から「ステップ関数」「シグモイド関数」「ランプ関数」

■ 単純パーセプトロン

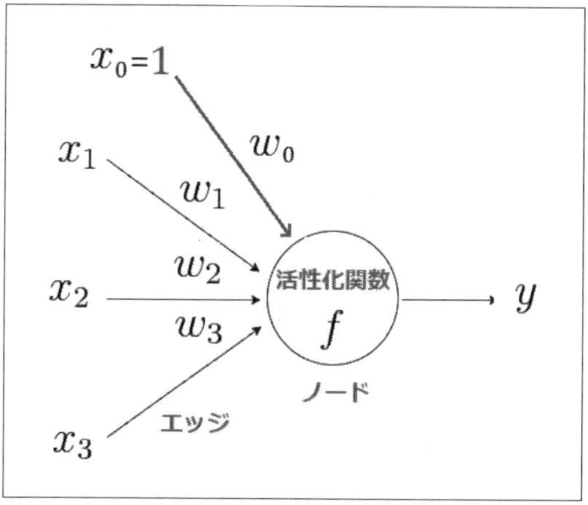

「単純パーセプロトン」とは、0番目の入力「x_0」を「1」とし、重み「w_0」を閾値とした場合の「ニューロン・モデル」のことです。

「活性化関数」にステップ関数「$f(x)$」を用いて、パーセプロトンの出力「y」を表わすと次のようになります。

$$y = f(\sum_{i=1}^{n} x_i w_i - \theta) \quad (2)$$

$$y = f(\sum_{i=0}^{n} x_i w_i) \quad (3)$$

式 (3) は「$i=0$」のときの「入力 $x_0=1$」「重み $w_0=-\theta$」と、閾値を「和」の形で表現しています。

「単純パーセプトロン」は、「ニューラル・ネットワーク」の基本単位となる重要なものです。

「重み」と「閾値」を変化させることで、たとえば「明日の天気予測」「顧客に最適な商品予測」などの、さまざまなモデルを作成できます。

[補足]

θ の意味	「$w_0=-\theta$」は、入力「x_1, x_2, x_3」と結びついていない「バイアス」と呼ばれる値。 式 (2) を見ても分かる通り、バイアスを加えることは、「重み」を 1 つ追加するのと同じ。 「重み」が加わることで、結果として「重み付き総和 x」の値は θ 分だけ上下することになり、偏らせることができる。
θ の機能	実際のニューロンでは、入力信号の電位がある閾値を超えたときに、発火して信号を出力する。 「バイアス θ」は、その閾値を変化させる機能をもつ。 「活性化関数」(ステップ関数) の閾値は「0」ですが、「θ」が「0.5」の場合は、閾値を「-0.5」に変化させることができる。

■ 勾配降下法

「単純パーセプトロン」では、教師データを与えて「勾配降下法」(最急降下法) によって、「重み」を決定します。

次のような「誤差関数 E」が最小となるように、繰り返し計算をします。

数 式	説 明
誤差関数 (損失関数)	$E=\max(0, -twx)$
$\max(x, y)$	「x, y」のうち大きい方の値を出力する関数です。E の場合、誤差がない場合は「0」、ある場合は「$-twx$」を返します。

重み	$w = [w_0, w_1, w_2, w_3]$
教師データ	$x = [x_0, x_1, x_2, x_3]$
教師データの正解ラベル	$t = [t_0, t_1, t_2, t_3]$

※ 正解ラベル「t」の値は、正解なら「1」、誤りなら「−1」

■ 重みの更新式

誤差関数「E」が大きいほど出力値に誤りが多いことを表わします。

よって、これが最小になるように、重み「w」を少しずつ動かして更新していきます。

更新の計算式は、次のようになります。

$$w = w - \epsilon \frac{dE}{dw} = w - \epsilon \frac{d}{dw}(-twx) = w + \epsilon tx \qquad (4)$$

パラメータ	内　容
学習率：ϵ	ズラす量（「1」より小さな値を設定。小さすぎると計算回数が増大）
Eの勾配：$\frac{dE}{dw}$	勾配値が正なら、負の方向に最小値があるので、そこへ動かすために、「ϵ」を掛ける。

この誤差関数「E」を用いる場合、正解ラベルが(1, −1)なので活性化関数（ステップ関数）も、次のように定義します。

$$f(x) = \begin{cases} 1 & (x \geq 0) \\ -1 & (x < 0) \end{cases} \qquad (5)$$

−	説　明
1	初期パラメータ(「学習率」と「エポック最大数」)を設定する。
2	教師データ「x」と正解ラベル「t」のセットを用意する。

3	重み「w」の初期値を適当に決める。
4	教師データ「x」を「単純パーセプトロン」に入力する。
5	出力「y」と正解ラベル「t」を比較し、一致しなければ最急降下法で重みを更新する。
6	手順３～５を「エポック最大数分」だけ繰り返す。

■「多層パーセプトロン」(MLP) とは

「多層パーセプトロン」（MLP）とは、下図のように（単純）パーセプトロンを複数つないで多層構造にした「ニューラル・ネットワーク」です。

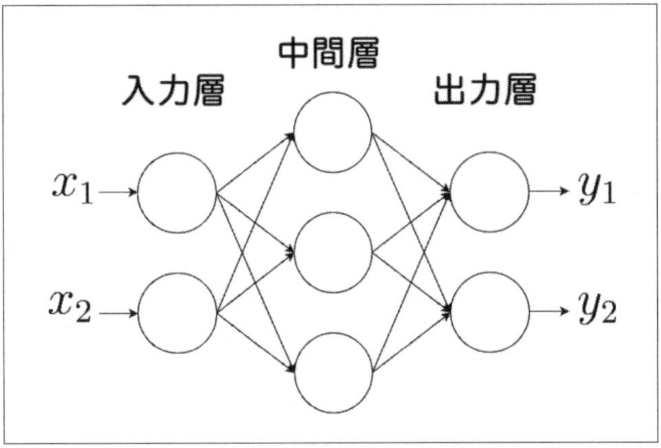

左から**「入力層」「中間層（隠れ層）」「出力層」**と呼ばれます。

この場合は3層構造なので「3層パーセプトロン」とも呼ばれます。

「ユニット数」や「層数」は、決まっているわけではありません。

そのため、たとえば「入力層」のユニット数を3以上に増やしたり、「中間層」の階層数を2つにして、4層構造にすることも可能です。

作るモデルによってユニット数や階層数を調整します。

■【ニューラル・ネットワーク】基本原理と「単純パーセプトロン」の学習計算

ここでは、「ニューラル・ネットワーク」の基本原理や特徴（メリット・デメリット）、その計算方法についてまとめています。

● 確率的勾配降下法

「多層パーセプトロン」では、「確率的勾配降下法」で重みを更新します。

$$w_{ji,t+1}^{(l+1)} = w_{ji,t}^{(l)} - \epsilon \frac{\partial E_n}{\partial w_{ji,t}^{(l)}} \quad (1)$$

パラメータ	内　容
$w_{ji,t+1}^{(l)}$	「$l-1$ 層目の i 番目のユニット」から「l 層目の j 番目のユニット」への重み（更新前の古い値）
$w_{ji,t}^{(l)}$	「l 層目の i 番目のユニット」から「l 層目の j 番目のユニット」への重み（更新後の新しい値）
目的関数 E_n	2 乗誤差。目的関数が最小になるときの重みを求める。
ϵ	学習率（重みの学習速度を決定するパラメータ） 誤差逆伝播により、$\frac{\partial E_n}{\partial w_{ji}^{(l)}}$ を計算できます。

●「出力層」の重み更新

2 乗誤差「E_n」を、出力層の重み「$w_{ji}^{(l)}$」で偏微分すると、次のようになります。

$$\frac{\partial E_n}{\partial w_{ji}^{(l)}} = \frac{\partial}{\partial w_{ji}^{(l)}} \frac{1}{2}(t_j - g(u_j^{(l)}))^2$$

$$= (t_j - g(u_j^{(l)})) \cdot \frac{\partial}{\partial w_{ji}^{(l)}}(t_j - g(u_j^{(l)})) \quad (2)$$

$$= (t_j - g(u_j^{(l)}))\cdot \frac{\partial}{\partial u_j^{(l)}}(t_j - g(u_j^{(l)}))\cdot \frac{\partial u_j^{(l)}}{\partial w_{ji}^{(l)}}$$
$$= (g(u_j^{(l)}) - t_j)\cdot g'(u_j^{(l)})\cdot g(u_i^{(l-1)})$$
$$= (g(u_j^{(l)}) - t_j) g(u_j^{(l)})(1 - g(u_j^{(l)})) g(u_i^{(l-1)})$$

パラメータ	説　明
t_j	教師データ。
活性化関数「$g(x)$」(シグモイド)	$g(x) = \frac{1}{1+\exp(-x)}$
活性化関数の微分	$g'(x) = g(x)(1 - g(x))$

●「中間層」の重み更新

2乗誤差「E_n」を、中間層の重み「$w_{ji}^{(l)}$」で偏微分すると、次のようになります。

$$\frac{\partial E_n}{\partial w_{ji}^{(l)}} = \frac{\partial E_n}{\partial u_j^{(l)}}\frac{\partial u_j^{(l)}}{\partial w_{ji}^{(l)}} = \delta_j^{(l)}\frac{\partial u_j^{(l)}}{\partial w_{ji}^{(l)}} \tag{3}$$

右辺第1項は、次のようになります。

$$\delta_j^{(l)} = \frac{\partial E_n}{\partial u_j^{(l)}} = \sum_k \frac{\partial E_n}{\partial u_k^{(l+1)}}\frac{\partial u_k^{(l+1)}}{\partial u_j^{(l)}} = \sum_k \delta_k^{(l+1)} w_{kj}^{(l+1)} g'(u_j^{(l)})$$
$$= \left(\sum_k \delta_k^{(l+1)} w_{kj}^{(l+1)}\right) g(u_j^{(l)})(1 - g(u_j^{(l)})) \tag{4}$$

右辺第2項は、次のようになります。

$$\frac{\partial u_j^{(l)}}{\partial w_{ji}^{(l)}} = g(u_i^{(l-1)}) \tag{5}$$

よって、

$$\frac{\partial E_n}{\partial w_{ji}^{(l)}} = \delta_j^{(l)} \frac{\partial u_j^{(l)}}{\partial w_{ji}^{(l)}} = \left(\sum_k \delta_k^{(l+1)} w_{kj}^{(l+1)}\right) g(u_j^{(l)})(1 - g(u_j^{(l)})) g(u_i^{(l-1)}) \qquad (6)$$

「中間層 l」の重みを更新するときは、その次の層「$l+1$」の「$\delta_k^{(l+1)}$」が必要となります.

「出力層」での「δ」は、「出力値」と「教師」の差から求まります。

これを「出力層」から「入力層」の方向に順番に伝播させることで、「中間層」の重みを更新します。

■ 活性化関数

中間層	「勾配消失問題」が発生しにくく、簡単なため「ReLU」(ランプ関数) がよく用いられる。 (以前は「0 ～ 1」に値を正規化する「シグモイド関数」が使われていたが、「勾配消失問題」が発生しやすいため、現在はあまり使われない)。
出力層付近	「ソフトマックス関数」がよく用いられる。

1.5 深層学習（ディープラーニング）

深層学習（ディープラーニング）とは、ニューラル・ネットワークを多層に結合し、学習能力を高めた機械学習の手法です。

「深層学習」（ディープラーニング）の特徴をまとめると、以下のとおりです。

特性	モデル：神経回路，学習タイプ：教師あり 予測対象：連続値・分類，可読性：×，並列処理：○
特徴	・「ディープ・ニューラル・ネットワーク」を用いた機械学習の手法 ・①訓練データを用いて予測を行ない（順伝搬）、予測値と正解ラベルの誤差を計算 ・②誤差が最小となるように勾配降下法で重みを更新（逆伝搬）①②を繰り返す ・複雑なモデルを構築できる（利点） ・ハイパーパラメータが多い（欠点） 　過学習が多い（欠点） ・勾配消失問題が起こる（欠点）

深層学習を実装するにあたって理解しておく必要のある主な用語は以下のとおりです。

用　語	概　要
勾配降下法	「ディープ・ニューラル・ネットワーク」の学習では、誤差（予測値と正解データの差）を最小化するために、重みを更新する。 「勾配降下法」と呼ばれるアルゴリズムにより、重みを少しずつ更新し、「勾配」（誤差を微分した値）が最小になる点（大域的最適解）を探索する。 しかし、「勾配降下法」で求められる解は大域的最適解になるとは限らず、「局所最適解」や「停留点」にトラップされてしまう問題がある。
局所最適解	周辺では誤差は小さいが、全体的には最小値ではない解。
大域的最適解	誤差の値を最も小さくする解。
停留点	「局所最適解」「大域的最適解」でもないが、勾配が「0」になる点。
エポック数	訓練データを何度学習に用いたかを表わす数。

イテレーション数	「重み」を何度更新したかを表わす数。
逐次学習	訓練データ 1 つに対して、重みを 1 回更新する。 重みの更新タイミング方法の1つ（データ1つにつき、イテレーション数も増加）。 これを「確率的勾配降下法」（SDG）という。
バッチ学習	訓練データすべてに対して、その誤差の総和を計算して小さくするように重みを 1 回更新する。 重みの更新タイミング方法の1つ（エポック数とイテレーション数が同じ）。これを「(バッチ) 勾配降下法」という。
ミニバッチ学習	ミニバッチ（訓練データからランダムにサンプリングしたデータの集まり）に対して、その誤差の総和を計算して小さくするように重みを 1 回更新する。 重みの更新タイミング方法の1つ。これを「ミニバッチ勾配降下法」という。 特によく用いられて、良い重みを得やすい。
勾配消失問題	誤差の勾配が入力層に向けて伝搬していく過程で、勾配値が急激に「0」に近づいてしまい学習が進まなくなる問題。層数が多いほど起こりやすい。 中間層の「活性化関数」に「ReLU 関数」を使うことで、ある程度解消できる。
正解率	全予測に対する正答率。
適合率 (Precision)	正と予測したデータのうち、実際に正であったものの割合。「精度」ともいう。
再現率	実際に正であるデータのうち、正であると予測されたものの割合。
F-measure (F 値)	適合率と再現率の調和平均（算術平均でない）。

■「畳み込みニューラル・ネットワーク」(CNN) とは

「畳み込みニューラル・ネットワーク」(CNN:Convolutional Neural Network)とは、ディープラーニングの手法の1つで、主に**「画像認識」**に利用されています。

「ニューラル・ネットワーク」の重み計算に「畳み込み演算」(Convolution)が用いられていることから、「CNN」と呼ばれています。

「畳み込み演算」は、画像処理の基本である「空間フィルタリング」でも用いられています。

＊

「CNN」は、主に以下の層から構成されます。

層の種類	概　要
入力層 (Input Layer)	入力データを与える層。入力データが画像の場合、1 入力に 1 画素を与える。 (たとえば 32 × 32[px] の RGB 画像なら入力の次元数は 32 × 32 × 3＝3072)
畳み込み層 (Convolutional Layer)	入力データに対して「畳み込み演算」を行ない、特徴量を取り出す層。
プーリング層 (Pooling Layer)	特徴量を圧縮する層。 (ロバスト性向上、過学習防止、計算コスト抑制のため)
全結合層 (Fully Connected Layer)	取り出した特徴量から重み付き和を計算する層。
出力層	重み付き和から予測結果を出力する層。

● 畳み込み層

「畳み込み演算」とは、画像処理の代表例である「輪郭抽出」「ぼかし処理」などの「空間フィルタリング」で用いられている演算です。

CNN でも「畳み込み層」でこの演算が利用されており、「認識したい対象に応じて空間フィルタ (畳み込み層) のパラメータを自動で学習」させます。

また、「CNN」では学習するフィルタを事前に複数用意します。

複数用意しておくことで、たとえば「輪郭」「色」など複数の要素を扱うことができ、高精度な認識ができます。

入力された画像データは、用意されたフィルタ処理の枚数だけ増えます(たとえばフィルタが3つなら画像も3枚に増える)。

● 畳み込み演算

2次元の入力データ「$u(x,y)$」に対して、フィルタ「$h(x,y)$」を用いて「畳み込み演算」をする場合、計算式は以下のようになります。

$$u'(x,y) = \sum_i \sum_j h(i,j)u(x+i,y+j) \tag{1}$$

●「畳み込み演算」の例

先ほどの計算式の理解を深めるために、「3 × 3」の入力画像「u」と、「2 × 2」のフィルタ「h」を例に計算してみます。

$$u = \begin{bmatrix} u(0,0) & u(1,0) & u(2,0) \\ u(0,1) & u(1,1) & u(2,1) \\ u(0,2) & u(1,2) & u(2,2) \end{bmatrix}, h = \begin{bmatrix} h(0,0) & h(1,0) \\ h(0,1) & h(1,1) \end{bmatrix} \tag{2}$$

出力「u'」は、次のようになります。

$$u' = h * u = \begin{bmatrix} u'(0,0) & u'(1,0) \\ u'(0,1) & u'(1,1) \end{bmatrix} \tag{3}$$

「u'」の各要素は次式で計算します。

$$\begin{aligned} u'(0,0) &= h(0,0)u(0,0) + h(1,0)u(1,0) + h(0,1)u(0,1) + h(1,1)u(1,1) \\ u'(1,0) &= h(0,0)u(1,0) + h(1,0)u(2,0) + h(0,1)u(1,1) + h(1,1)u(2,1) \\ u'(0,1) &= h(0,0)u(0,1) + h(1,0)u(1,1) + h(0,1)u(0,2) + h(1,1)u(1,2) \\ u'(1,1) &= h(0,0)u(1,1) + h(1,0)u(2,1) + h(0,1)u(1,2) + h(1,1)u(2,2) \end{aligned} \tag{4}$$

「u'」は「特徴マップ」と呼ばれ、元画像が「2 × 2」のサイズに圧縮（簡略化）されたものです。

● 入力が3次元の場合

RGB画像など、入力が3次元の場合はフィルタも3つ用意します。

そして、「R」「G」「B」それぞれに対してフィルタを1つ使って、「畳み込み演算」します。

$$
\begin{aligned}
u_{r'}(x,y) &= \sum_i \sum_j h_r(i,j) u_r(x+i, y+j) \\
u_{g'}(x,y) &= \sum_i \sum_j h_g(i,j) u_g(x+i, y+j) \\
u_{b'}(x,y) &= \sum_i \sum_j h_b(i,j) u_b(x+i, y+j)
\end{aligned}
\tag{5}
$$

● ゼロパディング処理

「ゼロパディング処理」とは、出力画像のサイズを調整する手法です。

やり方は単純で、入力データの周囲に「0」を外挿するだけです。

たとえば、「3 × 3」の2次元の入力画像「u」に1[px]分だけゼロパディングします。

$$
u = \begin{bmatrix} 0 & 0 & 0 & 0 & 0 \\ 0 & u(0,0) & u(1,0) & u(2,0) & 0 \\ 0 & u(0,1) & u(1,1) & u(2,1) & 0 \\ 0 & u(0,2) & u(1,2) & u(2,2) & 0 \\ 0 & 0 & 0 & 0 & 0 \end{bmatrix}, h = \begin{bmatrix} h(0,0) & h(1,0) \\ h(0,1) & h(1,1) \end{bmatrix}
\tag{6}
$$

「ゼロパディング」後の入力画像のサイズは「5 × 5」となり、サイズ「2 × 2」のフィルタ「h」で「畳み込み演算」すると出力画像のサイズは「4 × 4」と大きくなります。

● ストライド

「ストライド」も、ゼロパディング処理同様に出力画像のサイズを調整する手法です。

「ストライド」では、「畳み込み演算」する際のフィルタの移動量を変化させることで、出力画像のサイズを変化させます。

上記の「畳み込み演算」では、移動量「1」（ストライド 1）でしたが、それを「2」にすると出力画像のサイズも小さくなります。

その分、情報量も失われます。

■ プーリング層（Pooling Layer）

「プーリング層」（Pooling Layer）は、「畳み込み層」の後に利用されるのが一般的です。

この層では、入力データを「圧縮」（Down sampling）します。

圧縮することで、以下のメリットが得られ、使い勝手が向上します。

-	圧縮するメリット
1	ロバスト性の向上（微小な位置変化の影響を受けにくくなる）
2	過学習防止対策になる
3	計算コストを抑えられる

圧縮する方法はいくつかあります。

● Max Pooling

「Max pooling」は、入力データ（配列）の小領域から最大値のみを取り出します。

このように情報を圧縮することで、たとえば「4 × 4」の入力「u'」を、「Max pooling」で「2 × 2」に圧縮することを考えます。

圧縮データ「u''」は、次のようになります。

$$u' = \begin{bmatrix} 1 & 2 & 3 & 4 \\ 5 & 6 & 7 & 8 \\ 9 & 10 & 11 & 12 \\ 13 & 14 & 15 & 16 \end{bmatrix}, u'' = \begin{bmatrix} 6 & 8 \\ 14 & 16 \end{bmatrix} \tag{7}$$

■ 全結合層 (Fully Connected Layer)

「全結合層」(Fully Connected 層) は、「多層パーセプトロン」(MLP) と同様のものです。

「CNN」の場合、「出力層」の手前に置かれるのが一般的です。

この部分で最終的な識別を行ないます。

また、「出力層」のユニット数はクラス数 (分類する数) と一致させる必要があります。

出力ユニットの値「y」の計算は、「多層パーセプトロン」(MLP) と同じです。

それぞれの入力ユニットの値 (x_1, x_2) と、接続の重み (w_1, w_2) を内積してバイアス「b」を加えます。

$$y = f(w_1x_1 + w_2x_2 + b) \tag{8}$$

となります。

ここで「f」は「活性化関数」と呼ばれるものです。

第2章

機械学習の実装

仕組みを理解していなくても、Pythonや便利な機械学習モジュールを使えば数行でアルゴリズムを実装することができます。

しかし、学習させるモデルの性能を上げるには仕組みをある程度理解したうえで「パラメータの調整」や「データセットの準備」が必要になります。

本章では、1章で学んだ機械学習の仕組みを活用し、プログラミング言語「Python」と機械学習モジュール「Scikit-learn」、深層学習モジュール「TensorFlow/Keras」を使って各種アルゴリズムの実装例を紹介します。

※ なお、「Keras」は「TensorFlow」「CNTK」「Theano」といった深層学習モジュールを、機械学習モジュール「Scikit-learn」のように簡単に操作できるモジュールです。
「TensorFlow」「CNTK」「Theano」のうちをどれを動かすかは選択できますが、選択するモジュールは別途インストールしておく必要があります。
ただし、「Keras」には、「オリジナルのKeras」と「TensorFlowに組み込まれたKeras」の2種類があります。
本書では、導入が簡単で比較的トラブルの少ない「TensorFlowに組み込まれたKeras」を使います。

2.1 開発環境の構築(Python、Scikit-learn、TensorFlow/Keras)

2-1-1 【WinPython】使い方・設定まとめ

「WinPython」の使い方(設定、インストール)について解説します。

●【「WinPython」とは】特徴

「WinPython」は、ポータブル化されたWindows環境向けの「Pythonパッケージ」です。

主な特徴は、次の通りです。

① Pythonの実行環境だけでなく、「主要なライブラリ群」や「便利な開発環境」も一括で導入してくれます。

※ 主要なライブラリ群…「NumPy」「Matplotlib」「Pandas」「SciPy」など(詳細はこちら)
※ 便利な開発環境…「Spyder」「Jupyter Notebook」など

② ポータブル化されているため、Python環境一式を丸ごとUSBに入れて持ち運ぶことが可能です。

※ 職場やネットカフェ等の共有PCでも「WinPython」をコピーしたUSBを差すだけで利用可能

公式サイトで配布されているインストーラを使ってPythonの実行環境を構築すると、主要なライブラリや開発環境を後から入れて設定する必要があります。

特に初学者はライブラリの導入で詰まるケースが多いため、「Pythonパッケージ」を活用するのがオススメです。

●【環境構築】「WinPython」のインストール手順

[1] 下記リンク先から[Download]ボタンをクリックして、「インストーラ」をダウンロードします。

※ 2021/7/30時点では「Winpython64-3.9.5.0.exe」

https://sourceforge.net/projects/winpython/

[2] ダウンロードしたインストーラをダブルクリックして起動し、インストール先のフォルダを指定して「Extract」をクリックします。

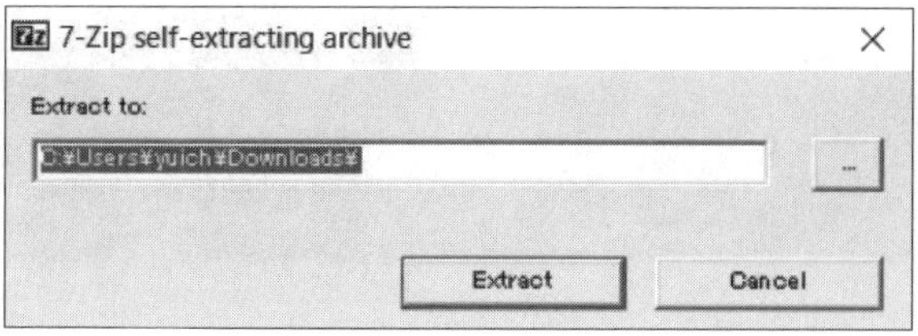

[3] 指定したフォルダにインストールがされるので、終了するまで待ちます。

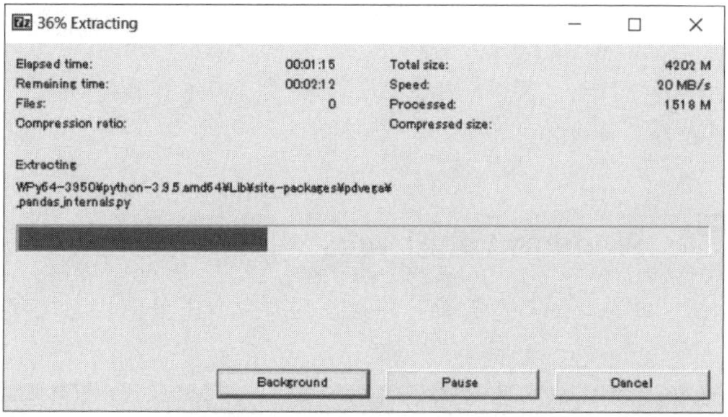

●【プログラム実行方法】WinPython Command Prompt 編

[1] 好きなテキストエディタ(「VSCode」や「メモ帳」など)で Python のプログラムを書き、拡張子を「.py」にしてファイルを保存します。

【例 :test.py】

```
print('Hello world!')
```

[2]「WinPython Command Prompt.exe」を起動し、以下のコマンドを実行すると指定した「Python ファイル」を実行できます。

```
python Python ファイルのパス
```

※「Windows10」では、「Python ファイル」をコマンドプロンプトへドラッグ & ドロップすればパスが入力されるので楽です。

[3] 実行例「test.py」を実行し、「Hello world!」と表示。

```
C:¥windows¥system32¥cmd.exe - cmd.bat
C:¥Users¥yuich¥Downloads¥WPy64-3950¥scripts>python C:¥Users¥yuich¥Downloads¥test.py
Hello world!

C:¥Users¥yuich¥Downloads>_
```

● アンインストール手順

Python パッケージ「WinPython」はデフォルトで Portable です。

そのため、他のソフトのように「コントロールパネル」や「アプリの削除」画面からアインインストール作業を行なう必要はありません。

「WinPython」のインストール先のディレクトリを削除すればアンインストール完了となります。

2-1-2 【Windows 環境】「scikit-learn」のインストール

「コマンドプロンプト」を起動し、以下のコマンドを入力して実行します(pip)。

```
pip install scikit-learn
```

依存ライブラリ（「pandas」「numpy」「scipy」が入っていない場合はそれも同時にインストールされます）

これで「Scikit-learn」のインストールは完了です。

2-1-3 【Windows 環境】「TensorFlow」をインストール

[1] コマンドプロンプトを開きます。

（「WinPython」の場合は「WinPython Command Prompt.exe」）

[2] 下記のコマンドを実行し、念のために「pip」と「setuptools」をアップデートします。

```
pip install --upgrade pip
pip install setuptools -upgrade
```

[3]「コマンドプロンプト」で、以下の「pip」コマンドを順に実行し、必要なモジュールをインストールしていきます。

```
pip install tensorflow
pip install tensorflow-gpu
```

※「TensorFlow」に組み込まれた「Keras」でなく、元々の「Keras」を使いたい場合は「pip install keras」も実行。

[4] 動作確認をします。

以下のスクリプトを実行して、「TensorFlow」のバージョンが表示されたらインストール成功です。

```
# -*- coding: utf-8 -*
import tensorflow
print(tensorflow.__version__)
```

2.2　単回帰分析の実装例

「Scikit-learn」では、「linear_model.LinearRegression( )」を用いることで「単回帰分析」を行なうことができます。

「CSV ファイル」を読み込んで、そのデータから「単回帰分析」を行ないます。

■【サンプルコード】「単回帰モデル」の作成

サンプルプログラムのソースコードです。

```
# -*- coding: utf-8 -*-
import pandas as pd
import numpy as np
from sklearn import linear_model
import joblib

# データ読み込み
data = pd.read_csv('C:/github/sample/python/scikit/regression_
analysis/data.csv', sep=',')

# 線形回帰モデル
clf = linear_model.LinearRegression()

# 説明変数xに "x1"のデータを使用
x = data.loc[:, ['x1']].values

# 目的変数yに "x2"のデータを使用
y = data['x2'].values

# 予測モデルを作成（単回帰）
clf.fit(x, y)
```

```
# パラメータ（回帰係数、切片）を抽出
[a] = clf.coef_
b = clf.intercept_

# パラメータの表示
print("回帰係数:", a)
print("切片:", b)
print("決定係数:", clf.score(x, y))

# 学習結果の出力
joblib.dump(clf,   'C:/github/sample/python/scikit/regression_
analysis/clf.learn')

"""
回帰係数: -0.0495480955455
切片: 20.1197546804
決定係数: 0.109433563543
"""
読み込むデータ
data.csv

"x1","x2","x3"
45,17.5,30
38,17.0,25
41,18.5,20
34,18.5,30
59,16.0,45
47,19.0,35
35,19.5,25
43,16.0,35
54,18.0,35
52,19.0,40
```

今回は、「data.csv」の「x2」を「説明変数」、「x1」を「目的変数」として「単回帰分析」を行ないました。

その結果、「x2」は以下の式で推測できるようになります。

・「線形回帰」で作成したモデル式

x2 = −0.0495480955455 * x1 + 20.1197546804

■【サンプルコード】「単回帰モデル」の読み込み

作成して保存したモデル（clf.learn）は、以下のように読み込んで使うこともできます。

```
# -*- coding: utf-8 -*-
import pandas as pd
import numpy as np
from sklearn import linear_model
import joblib

# 学習結果を読み込み
clf = joblib.load('C:/github/sample/python/scikit/regression_
analysis/clf.learn')

# 回帰係数と切片の抽出
[a] = clf.coef_
b = clf.intercept_

# 回帰係数
print("回帰係数:", a) # 回帰係数: -0.0495480955455
print("切片:", b)  # 切片: 20.1197546804
```

2.3 重回帰分析と過学習対策の実装例

機械学習ライブラリ「scikit-learn」では、「sklearn.linear_model.LinearRegression」クラスで「重回帰分析」を行なうことができます。

● 書式

使い方は以下の通りです。

```
sklearn.linear_model.LinearRegression(fit_intercept=True, normalize=False, copy_X=True, n_jobs=1)
```

引　数	内　容
fit_interceptz	True で切片を求めます。目的変数が原点を必ず通るデータを用いる場合は False にします。
normalize	True で説明変数を事前に正規化します。
copy_X	True でメモリ内でデータを複製してから実行します。
n_jobs	CPU で計算する際のジョブの数です。(−1ですべてのジョブを使用)

● その他メソッド

「sklearn.linear_model.LinearRegression」クラスの各メソッドの使い方は次の通りです。

メソッド	内　容
fit(x, y[, sample_weight])	説明変数 x、目的変数 y として線形回帰モデルを求める。
get_params([deep])	推定に用いたパラメータを取得。
predict(x)	生成した線形回帰モデルとデータ x を用いて予測。
score(X, y[, sample_weight])	決定係数を求める。
set_params(**params)	パラメータを設定。
coef_	偏回帰係数を取得。
intercept_	切片の値を取得。

「CSV ファイル」を読み込んで、そのデータから「重回帰分析」を行ない、結果（モデル）をファイルに出力（エクスポート）します。

```
# -*- coding: utf-8 -*-
import pandas as pd
import numpy as np
from sklearn import linear_model
import joblib

# CSVファイルの読み込み
data = pd.read_csv('C:/github/sample/python/scikit/regression_
analysis/data.csv', sep=',')

# 回帰モデルの呼び出し
clf = linear_model.LinearRegression()

# 説明変数にx1とx2のデータを使用
X = data.loc[:, ['x1', 'x2']].values

# 目的変数にx3のデータを使用
Y = data['x3'].values

# 予測モデルを作成（重回帰）
clf.fit(X, Y)

# 回帰係数と切片の抽出
a = clf.coef_
b = clf.intercept_

# 回帰係数
print("回帰係数:", a) # 回帰係数: [ 0.70068905 -0.64667957]
```

```
print("切片:", b) # 切片: 12.184694815481187
print("決定係数:", clf.score(X, Y)) # 決定係数: 0.6624246214760455


# 学習結果を出力
joblib.dump(clf,  'C:/github/sample/python/scikit/regression_
analysis/multiple.learn')
```

読み込むデータ

```
data.csv


"x1","x2","x3"
45,17.5,30
38,17.0,25
41,18.5,20
34,18.5,30
59,16.0,45
47,19.0,35
35,19.5,25
43,16.0,35
54,18.0,35
52,19.0,40
```

ここでは「data.csv」の「x_1, x_2」を「説明変数」、「x_3」を「目的変数」として「重回帰分析」を行ないました。

その結果、「x_3」は、以下の式で推測できるようになります。

$$x_3 = 0.70068905 * x_1 + -0.64667957 * x_2 + 12.1846948155$$

■「過学習」とは

「過学習」とは、同じようなデータを使って学習し続けると、そのデータだけに強いモデルとなり、本番データに対する認識率が逆に下がってしまう現象です。

受験生で例えると、「ある特定の過去問ばかりを勉強した結果、過去問と傾向が異なる未知の問題が出てきたときにまったく点がとれなくなる」ことです。

そのため学習する際には、評価データで精度向上度合いを確認し、ある程度飽和したところで学習を終了することが必要になります。

ですので、作成したモデルの精度は、学習に用いたデータではなく、未知の「テストデータ」で測定してやる必要があります。

未知のデータに対する誤りを「汎化誤差」と言い、汎化誤差が小さいことを「汎化能力が高い」と言います。

■【データセットの取得】糖尿病患者

まずは、「load_diabetes( )」で「糖尿病患者のデータセット」を取得します。

```
# -*- coding: utf-8 -*-
from sklearn import datasets

# 糖尿病患者のデータセットをロード
dataset = datasets.load_diabetes()

print(dataset)

"""
{'data': array([[ 0.03807591,  0.05068012,  0.06169621, ...,
-0.00259226,
        0.01990842, -0.01764613],
```

```
        ....
        'target': array([151.,  75., 141., 206., 135.,  97.,
138.,  63., 110., 310., 101.,
       ....
""""
```

データセットの中身は、次のとおり。

種 別	概 要
説明変数	sepal length（ガクの長さ）、sepal width（ガクの幅）、petal length（花弁の長さ）、petal width（花弁の幅）の４種類のデータ
目的変数	糖尿病患者の 1 年後の進行状況 (25 ～ 346)

■【データ特性の検証】「散布図」「ヒストグラム」「ヒートマップ」

データセット（説明変数、目的変数）の特性を**「散布図」「ヒストグラム」「ヒートマップ」**などで観察してみます。

・散布図

```
# -*- coding: utf-8 -*-
from sklearn import datasets
import matplotlib.pyplot as plt
import seaborn as sns

sns.set() # seaborn のスタイルをセット

# 糖尿病患者のデータセットをロード
dataset = datasets.load_diabetes()

# 説明変数
X = dataset.data
```

```
# 目的変数
y = dataset.target

for i in range(X.shape[1]):
    plt.plot(X[:, i], y, 'o')

plt.xlabel("X")
plt.ylabel("y")
plt.grid(True)
plt.show()
```

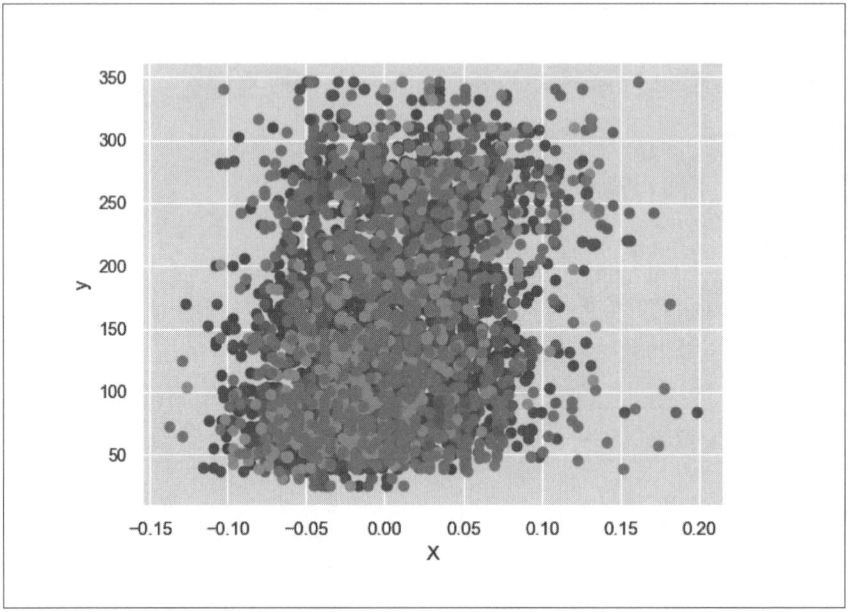

・ヒストグラム

```
# -*- coding: utf-8 -*-
from sklearn import datasets
import matplotlib.pyplot as plt
import seaborn as sns

sns.set() # seaborn のスタイルをセット

# 糖尿病患者のデータセットをロード
dataset = datasets.load_diabetes()

# 説明変数
X = dataset.data

# 目的変数
y = dataset.target

plt.hist(X[:, 0:5])

plt.grid(True)
plt.show()
```

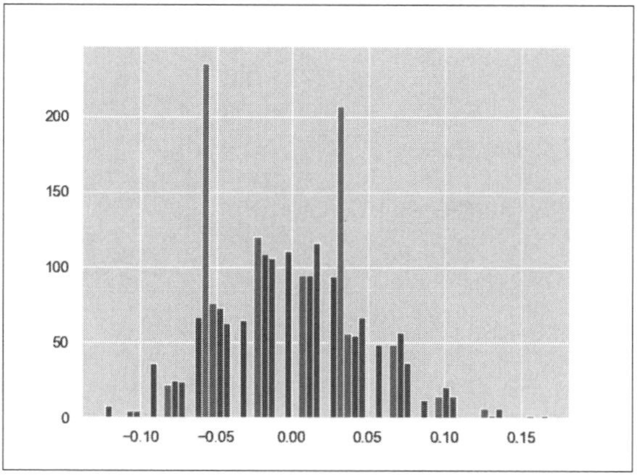

・相関ヒートマップ

```
# -*- coding: utf-8 -*-
from sklearn import datasets
import numpy as np
import matplotlib.pyplot as plt
import seaborn as sns
import pandas as pd

sns.set() # seaborn のスタイルをセット

# 糖尿病患者のデータセットをロード
dataset = datasets.load_diabetes()

# 説明変数
X = dataset.data

# 目的変数
y = dataset.target

# 相関係数を計算
corr = np.corrcoef(X.T, y)
print(corr)

# 相関係数を「ヒートマップ」化
sns.heatmap(corr, annot=True)
plt.show()
```

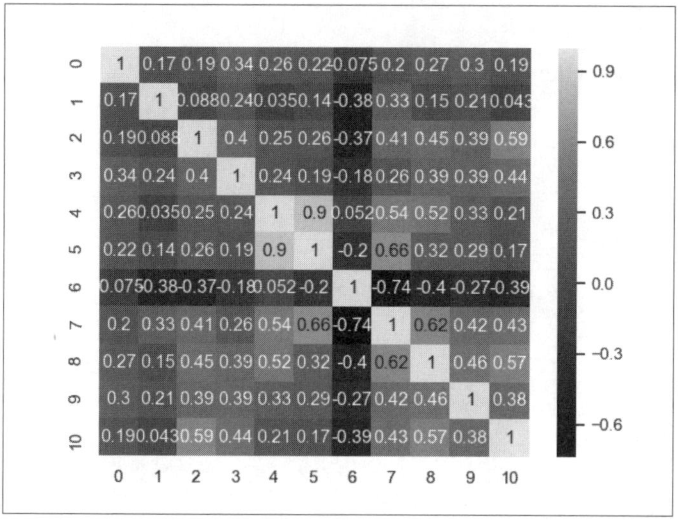

真ん中付近に「0.9」「−0.74」と説明変数同士でかなり高い相関値をもつものがあります。

この現象を**「多重共線性」**と言います。

「多重共線性」になると、変数間が独立ではないため解が計算できなかったり、信頼性が低下してしまいます。

そのため、高い相関値をもつ「説明変数」を取り除くなどの対策を取る必要があります。

■【回帰】重回帰分析

まずは、何の工夫もせずにそのまま「重回帰分析」をしてみます。

```
# -*- coding: utf-8 -*-
from sklearn import datasets
from sklearn.model_selection import train_test_split
from sklearn import linear_model
import numpy as np
import matplotlib.pyplot as plt
```

```
import seaborn as sns
import pandas as pd

sns.set() # seaborn のスタイルをセット

# 糖尿病患者のデータセットをロード
dataset = datasets.load_diabetes()

# 説明変数
X = dataset.data

# 目的変数
y = dataset.target

# 学習用、テスト用にデータを分割 (1:1)
X_train, X_test, y_train, y_test = train_test_split(X, y, test_
size=0.5, random_state=0)

# 予測モデルを作成（重回帰）
clf = linear_model.LinearRegression()

# 学習
clf.fit(X_train, y_train)

# 回帰係数と切片の抽出
a = clf.coef_
b = clf.intercept_

# 回帰係数

print("回帰係数:", a)
```

```
print("切片:", b)
print("決定係数(学習用):", clf.score(X_train, y_train))
print("決定係数(テスト用):", clf.score(X_test, y_test))

"""
回帰係数: [ -20.41129305 -265.88594023 564.64844662 325.55650029
 -692.23796104
  395.62249978  23.52910434 116.37102129 843.98257585  12.719
81044]
切片: 154.3589882135515
決定係数(学習用): 0.5730746555685652
決定係数(テスト用): 0.4377492256245158
"""
```

ここでは「ホールド・アウト法」でデータセットを「訓練用」と「テスト用」に２分割して精度検証しています。

結果（予測精度）は、「学習データ」で57%、「テストデータ」では43%となり、「過学習」に陥っています。

「過学習」とは、訓練データにモデルが稼業適合（オーバーフィッティング）しすぎているため、「学習データ」と「テストデータ」の結果に差が大きく出て、精度が落ちてしまう現象です。

「過学習」を防ぐには、「訓練データの数を増やす」「正則化などで学習時に一定の制約を与える」「質の良い説明変数のみを使う」などの対策を施します。

「訓練データ」を増やすという対策は実際には難しいので、「正則化」や「説明変数の選択」という手法をまず取ることが多いです。

「ホールド・アウト法」「交差検証法」はともに機械学習におけるデータのテスト方法の１つです。

それぞれの違いは、以下のとおりです。

種　別	概　要
ホールド・アウト法	機械学習におけるデータのテスト方法の1つです。教師データ（訓練データ）を「学習用」「評価用」に6対4などに割合で2分割して、学習ずみモデルの精度を測定します。
交差検証法	教師データ（訓練データ）を3分割以上して、学習ずみモデルの精度を測定します。

■【過学習防止法①】相関値の高い説明変数を除外

相関値の高い「説明変数」を除外してみましょう。

```
# -*- coding: utf-8 -*-
from sklearn import datasets
from sklearn.model_selection import train_test_split
from sklearn import linear_model
import numpy as np
import matplotlib.pyplot as plt
import seaborn as sns
import pandas as pd

sns.set() # seabornのスタイルをセット

# 糖尿病患者のデータセットをロード
dataset = datasets.load_diabetes()

# 説明変数
X = dataset.data

# 相関の高い4番目～7番目の説明変数を除外
X = np.hstack((X[:, 0:5], X[:, 8:10]))

# 目的変数
y = dataset.target
```

```
# 学習用、テスト用にデータを分割 (1:1)
X_train, X_test, y_train, y_test = train_test_split(X, y, test_
size=0.7, random_state=0)

# 予測モデルを作成(リッジ回帰)
clf = linear_model.Ridge()

# 学習
clf.fit(X_train, y_train)

# 回帰係数と切片の抽出
a = clf.coef_
b = clf.intercept_

# 回帰係数
print("回帰係数:", a)
print("切片:", b)
print("決定係数(学習用):", clf.score(X_train, y_train))
print("決定係数(テスト用):", clf.score(X_test, y_test))

"""
回帰係数: [ 56.45348132 -12.64593807 198.05710012 126.36651865
45.32494485
 211.8317115   85.95664122]
切片: 151.37723470691103
決定係数(学習用): 0.36218623451960075
決定係数(テスト用): 0.30393630855490333
"""
```

「学習データ」と「テストデータ」の結果の差が小さくなり、「過学習」が改善されています。

■【過学習防止法②】Lasso回帰（L1正則化）、リッジ回帰（L2正則化）

「リッジ回帰」は、「直線回帰」に「正則化項」（L2ノルム）を加えて、「過剰適合」（オーバーフィッティング）をしにくくした「回帰分析」です。

```
# -*- coding: utf-8 -*-
from sklearn import datasets
from sklearn.model_selection import train_test_split
from sklearn import linear_model
import numpy as np
import matplotlib.pyplot as plt
import seaborn as sns
import pandas as pd

sns.set() # seabornのスタイルをセット

# 糖尿病患者のデータセットをロード
dataset = datasets.load_diabetes()

# 説明変数
X = dataset.data

# 目的変数
y = dataset.target

# 学習用、テスト用にデータを分割 (1:1)
X_train, X_test, y_train, y_test = train_test_split(X, y, test_
size=0.7, random_state=0)

# 予測モデルを作成(リッジ回帰)
clf = linear_model.Ridge()
```

```
# 学習
clf.fit(X_train, y_train)

# 回帰係数と切片の抽出
a = clf.coef_
b = clf.intercept_

# 回帰係数
print("回帰係数:", a)
print("切片:", b)
print("決定係数(学習用):", clf.score(X_train, y_train))
print("決定係数(テスト用):", clf.score(X_test, y_test))

"""
回帰係数: [ -20.41129305 -265.88594023  564.64844662  325.55650029
 -692.23796104
  395.62249978   23.52910434  116.37102129  843.98257585   12.719
81044]
切片: 154.3589882135515
決定係数(学習用): 0.3983270129832158
決定係数(テスト用): 0.3345645490979842
"""
```

「学習データ」と「テストデータ」の結果の差が小さくなり、「過学習」が改善されています。

```
# -*- coding: utf-8 -*-
from sklearn import datasets
from sklearn.model_selection import train_test_split
from sklearn import linear_model
import numpy as np
```

```
import matplotlib.pyplot as plt
import seaborn as sns
import pandas as pd

sns.set() # seabornのスタイルをセット

# 糖尿病患者のデータセットをロード
dataset = datasets.load_diabetes()

# 説明変数
X = dataset.data

# 目的変数
y = dataset.target

# 学習用、テスト用にデータを分割 (1:1)
X_train, X_test, y_train, y_test = train_test_split(X, y, test_
size=0.7, random_state=0)

# 予測モデルを作成(Lasso回帰)
clf = linear_model.Lasso()

# 学習
clf.fit(X_train, y_train)

# 回帰係数と切片の抽出
a = clf.coef_
b = clf.intercept_

# 回帰係数
print("回帰係数:", a)
print("切片:", b)
```

```
print("決定係数(学習用):", clf.score(X_train, y_train))
print("決定係数(テスト用):", clf.score(X_test, y_test))

"""
回帰係数: [  0.          -0.          397.28850539   0.          0.
   0.          -0.           0.          472.25346364   0.          ]
切片: 151.99424541715777
決定係数(学習用): 0.4765923813915492
決定係数(テスト用): 0.3743169923017488
"""
```

「過学習」が少し改善されています。

また、相関値の高い変数のうち一方が排除されやすいためモデル式も簡単になります。

■【過学習防止法③】「ヒストグラム」から改善

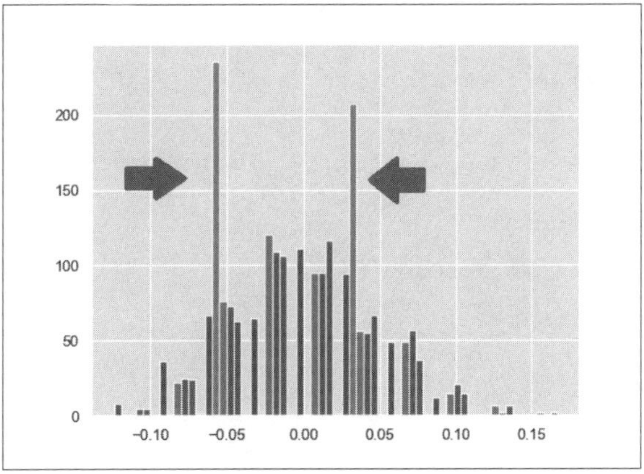

「ヒストグラム」を見てみると、オレンジ色の棒（2番目の説明変数）は、2つの値のみを取っています。

よって、2番目の説明変数が正か負のどちらの値になっているかでデータを分けて分析できそうです。

```
# -*- coding: utf-8 -*-
from sklearn import datasets
from sklearn.model_selection import train_test_split
from sklearn import linear_model
import numpy as np
import matplotlib.pyplot as plt
import seaborn as sns
import pandas as pd

sns.set() # seabornのスタイルをセット

# 糖尿病患者のデータセットをロード
dataset = datasets.load_diabetes()

# 説明変数
X = dataset.data

# 2番目の説明変数が正の場合の値を抽出
new_X = X[X[:,1]>0]
new_X = np.hstack((new_X[:,0:1], new_X[:,2:10]))

# 目的変数
y = dataset.target
new_y = np.ones(new_X.shape[0])

j = 0

for i in range(X.shape[0]):
    if X[i, 1] > 0:
        new_y[j] = y[i]
        j += 1
```

```
# 学習用、テスト用にデータを分割 (1:1)
X_train, X_test, y_train, y_test = train_test_split(new_X, new_y,
test_size=0.5, random_state=0)

# 予測モデルを作成(重回帰)
clf = linear_model.LinearRegression(normalize=True)

# 学習
clf.fit(X_train, y_train)

# 回帰係数と切片の抽出
a = clf.coef_
b = clf.intercept_

# 回帰係数
print("回帰係数:", a)
print("切片:", b)
print("決定係数(学習用):", clf.score(X_train, y_train))
print("決定係数(テスト用):", clf.score(X_test, y_test))

"""
回帰係数: [ 277.29294234  500.31554998  439.68983117 -475.51950795
  173.84452198
 -150.86666125   78.63507256  593.28585922   92.17250636]
切片: 136.50904152851012
決定係数(学習用): 0.584086429999823
決定係数(テスト用): 0.580877752389886
"""
```

「学習データ」と「テストデータ」の結果の差がほとんどなくなり、過学習が大きく改善されています。

2.4 ロジスティック回帰の実装例

2-4-1 ロジスティック回帰とは

「ロジスティック回帰」とは、「説明変数」が「定量データ」、「目的変数」が2値（あり、なしなど）をとる「多変量解析」の1つです。

「線形回帰」を応用（線形回帰の出力をロジット関数に入力）したもので、「2分類問題」（2値の目的変数をもつ問題）に対して利用します。

「2分類問題数」とは、たとえば「生存・死亡」や「陽性・陰性」を判別するといったものです。

「ロジスティック回帰」をPython用機械学習ライブラリ「scikit-learn」で実装してみます。

・サンプルコード

```
# -*- coding: utf-8 -*-
import pandas as pd
import numpy as np
from sklearn import linear_model
import joblib

# CSVファイルのパス（学習用）
LOAD_CSV_PATH = "C:/github/sample/python/scikit/logistic/samp
le_data/input.csv"

# CSVファイルのパス（検証用）
LOAD_TEST_PATH   =   "C:/github/sample/python/scikit/logistic/
sample_data/test.csv"

# CLFファイルのパス（学習済ファイル用）
SAVE_CLF_PATH = "C:/github/sample/python/scikit/logistic/samp
```

```
le_data/train.clf"

# 学習用のデータを読み込み
data = pd.read_csv("C:/github/sample/python/scikit/logistic/sa
mple_data/input.csv", sep=",")

# 説明変数：x1, x2
X = data.loc[:, ['x1', 'x2']].values

# 目的変数：x3
y = data['x3'].values

# 学習（ロジスティック回帰）
clf = linear_model.LogisticRegression(random_state=0)
clf.fit(X, y)

# 学習結果を出力
joblib.dump(clf, SAVE_CLF_PATH)

# 学習済ファイルのロード
clf2 = joblib.load(SAVE_CLF_PATH)

# ロジスティック回帰の学習結果
a = clf2.coef_
b = clf2.intercept_
print("回帰係数:", a) # 回帰係数: [[-0.02217148  0.31554403]]
print("切片:", b)      # 切片: [-1.06960241]
print("決定係数:", clf2.score(X, y)) # 決定係数: 0.818181818182

# テスト用データの読み込み
```

```
data = pd.read_csv(LOAD_TEST_PATH, sep=",")

# 学習結果の検証（テスト用データx1, x2を入力）
X_test = data.loc[:, ['x1', 'x2']].values
y_predict = clf.predict(X_test)

# 検証結果の表示
print("検証結果：", y_predict)

"""
回帰係数: [[0.79826198 0.94551053]]
切片: [-8.71899451]
決定係数: 0.9090909090909091
検証結果 ： [0110]
"""
```

・input.csv

```
"x1","x2","x3"
3,2,0
1,2,0
5,6,1
6,7,1
5,5,1
4,5,0
3,6,0
8,0,0
9,6,1
6,2,0
7,8,1
```

・test.csv

```
"x1","x2","x3"
4,2,0
6,7,1
8,5,1
3,3,0
```

以下のようなルールのデータです。

x1 と x2 の和が 10 以上・・・x3 は 1
x1 と x2 の和が 10 未満・・・x3 は 0

検証結果は、4 つともそのように判別していることが分かります。

2-4-2 データセット（アヤメの品種）の取得

まずは、「load_iris( )」で「アヤメの品種判別」のデータセットを取得します。

```
# -*- coding: utf-8 -*-
from sklearn import datasets
from sklearn.model_selection import train_test_split
from sklearn import linear_model
import numpy as np
import matplotlib.pyplot as plt
import seaborn as sns
import pandas as pd

sns.set() # seabornのスタイルをセット

# データセットをロード
dataset = datasets.load_iris()
```

```
X = dataset.data  # 説明変数
y = dataset.target # 目的変数
y_name = dataset.target_names # 目的変数に対応する品種名

print("品種名：", y_name)
print("目的変数：", y)
print("説明変数：", X)

"""
品種名： ['setosa' 'versicolor' 'virginica']
目的変数： [0 0 0 0 0 0 0 0 0 0 0 0 0 0 0 0 0 0 0 0 0 0 0 0 0 0
0 0 0 0 0 0 0 0 0 0 0
 0 0 0 0 0 0 0 0 0 0 0 0 0 1 1 1 1 1 1 1 1 1 1 1 1 1 1 1 1 1 1
1 1 1 1 1 1
 1 1 1 1 1 1 1 1 1 1 1 1 1 1 1 1 1 1 1 1 1 1 1 1 1 1 2 2 2 2 2
2 2 2 2 2 2
 2 2 2 2 2 2 2 2 2 2 2 2 2 2 2 2 2 2 2 2 2 2 2 2 2 2 2 2 2 2 2
2 2 2 2 2 2
 2 2]
説明変数： [[5.1 3.5 1.4 0.2]
 [4.9 3.  1.4 0.2]
 [4.7 3.2 1.3 0.2]
 …
"""
```

データセットの中身は、次のとおり。

種　別	概　要
説明変数	4つの値（がく片の長さ、がく片の幅、花弁の長さ、花弁の幅）。単位はいずれもcm。
目的変数	アヤメの品種（3種類:「setosa」「versicolor」「virginica」を「0」「1」「2」の数値ラベル化）

2-4-3 データ特性の検証（散布図、ヒストグラム、ヒートマップ）

データセット（説明変数、目的変数）の特性を「散布図」「ヒストグラム」「ヒートマップ」などで観察してみます。

・散布図

```
# -*- coding: utf-8 -*-
from sklearn import datasets
from sklearn.model_selection import train_test_split
from sklearn import linear_model
import numpy as np
import matplotlib.pyplot as plt
import seaborn as sns
import pandas as pd

sns.set() # seabornのスタイルをセット

# データセットをロード
dataset = datasets.load_iris()

X = dataset.data  # 説明変数
y = dataset.target # 目的変数
y_name = dataset.target_names # 目的変数に対応する品種名

# 各品種毎に散布図をプロット(各ラベルに50のデータがある)
for i in range(y_name.shape[0]):
    # (がく片の長さ, がく片の幅)でプロット
    plt.plot(X[i*50:i*50+50, 0], X[i*50:i*50+50, 1], 'o')

    # (がく片の長さ, 花弁の長さ)でプロット
    plt.plot(X[i*50:i*50+50, 0], X[i*50:i*50+50, 2], 'o')
```

```
# (がく片の長さ, 花弁の幅)でプロット
plt.plot(X[i*50:i*50+50, 0], X[i*50:i*50+50, 3], 'o')


plt.title(y_name[i])
plt.xlabel("X0")
plt.ylabel("x1, x2, x3")
plt.grid(True)
plt.show()
```

※ 各品種に対して、順に 50 セットのデータがデータセットに格納されています。

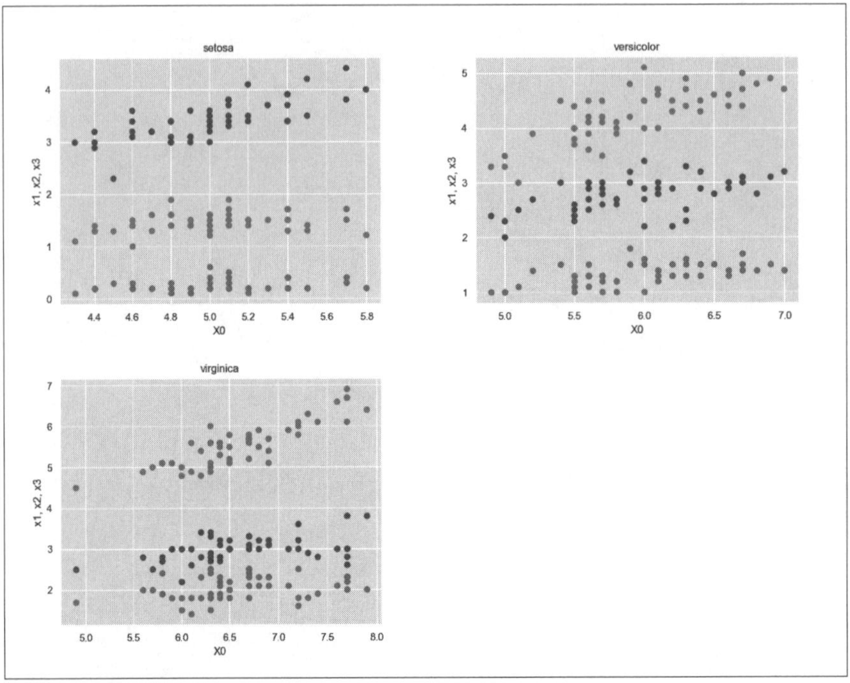

「setosa」の散布図のみ、オレンジの点群(がく片の長さ, 花弁の長さ)が真ん中に来ています。

よって、アヤメの品種が「setosa」か「setosa 以外か」という判定は行ないやすいだろうと推察できます。

・ヒストグラム

```
# -*- coding: utf-8 -*-
from sklearn import datasets
from sklearn.model_selection import train_test_split
from sklearn import linear_model
import numpy as np
import matplotlib.pyplot as plt
import seaborn as sns
import pandas as pd

sns.set() # seabornのスタイルをセット

# データセットをロード
dataset = datasets.load_iris()

X = dataset.data  # 説明変数
y = dataset.target # 目的変数
y_name = dataset.target_names # 目的変数に対応する品種名

for i in range(y_name.shape[0]):
    # (がく片の長さ, がく片の幅)でプロット
    plt.hist(X[i*50:i*50+50, :])
    plt.title(y_name[i])
    plt.grid(True)
    plt.show()
```

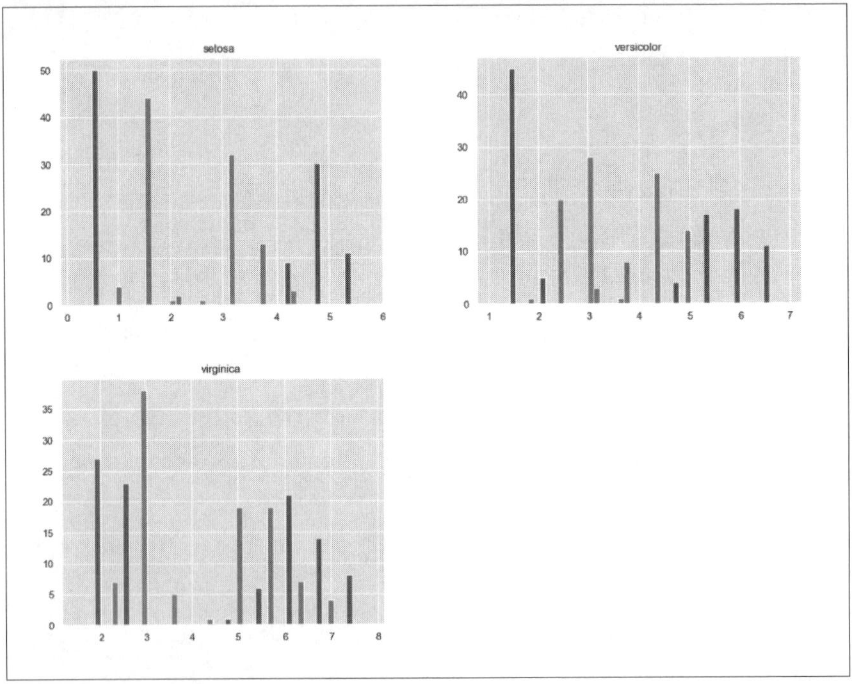

・相関ヒートマップ

```
# -*- coding: utf-8 -*-
from sklearn import datasets
from sklearn.model_selection import train_test_split
from sklearn import linear_model
import numpy as np
import matplotlib.pyplot as plt
import seaborn as sns
import pandas as pd

sns.set() # seabornのスタイルをセット

# データセットをロード
dataset = datasets.load_iris()
```

```
X = dataset.data  # 説明変数
y = dataset.target # 目的変数
y_name = dataset.target_names # 目的変数に対応する品種名

# 説明変数同士の相関係数を計算
corr = np.corrcoef(X.T)
print(corr)

# 相関係数を「ヒートマップ」化
sns.heatmap(corr, annot=True)
plt.show()
```

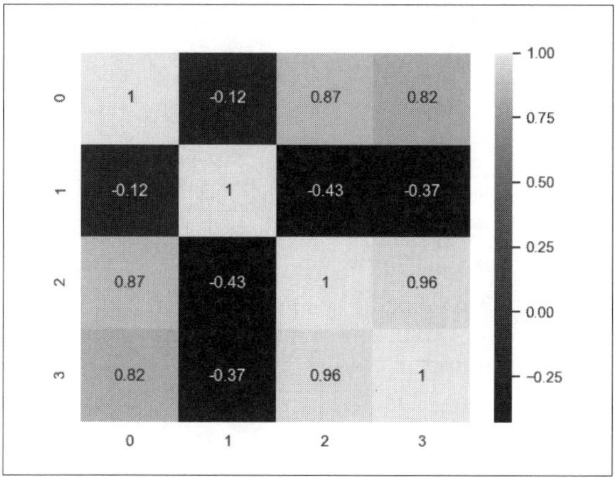

真ん中付近に「0.87」「0.82」「0.96」と説明変数同士でかなり高い相関値をもつものがあります。

この現象を「多重共線性」と言います。

「多重共線性」になると、変数間が独立ではないため解が計算できなかったり、信頼性が低下してしまいます。

そのため、高い相関値をもつ「説明変数」を取り除くなどの対策を取る必要があります。

2-4-4 単純な「ロジスティック回帰分析」の実装例

まずは、何の工夫もせずにそのまま「ロジスティック回帰分析」をしてみます。

```
# -*- coding: utf-8 -*-
from sklearn import datasets
from sklearn.model_selection import train_test_split
from sklearn import linear_model
import numpy as np
import matplotlib.pyplot as plt
import seaborn as sns
import pandas as pd

sns.set() # seabornのスタイルをセット

# データセットをロード
dataset = datasets.load_iris()

X = dataset.data  # 説明変数
y = dataset.target # 目的変数
y_name = dataset.target_names # 目的変数に対応する品種名

# 学習用、テスト用にデータを分割（1:1）
X_train, X_test, y_train, y_test = train_test_split(X, y, test_
size=0.5, random_state=0)

# 学習（ロジスティック回帰）
clf = linear_model.LogisticRegression(random_state=0)
clf.fit(X_train, y_train)
```

```
# ロジスティック回帰の学習結果
a = clf.coef_
b = clf.intercept_

print("回帰係数:", a)
print("切片:", b)

# 予測精度の検証
print("スコア(訓練用データを入力):", clf.score(X_train, y_train))
print("スコア(テスト用を入力):", clf.score(X_test, y_test))

"""
回帰係数: [[ 0.37664729  1.25055622 -1.94787367 -0.8809699 ]
 [ 0.49723257 -1.6214123   0.31913087 -0.87146961]
 [-1.49621798 -0.59310092  1.90859707  1.70124234]]
切片: [ 0.23856784  0.7342459  -0.86078966]
スコア(訓練用データを入力): 0.92
スコア(テスト用を入力): 0.84
"""
```

ここでは「ホールド・アウト法」でデータセットを「訓練用」と「テスト用」に2分割して精度検証しています。

結果（予測精度）は、「学習データ」で92%、「テストデータ」では84%となり、若干「過学習」に陥っています。

「過学習」を防ぐには、「訓練データの数を増やす」「正則化などで学習時に一定の制約を与える」「質の良い説明変数のみを使う」などの対策を施します。

「訓練データを増やす」という対策は実際には難しいので、「正則化」や「説明変数の選択」という手法をまず取ることが多いです。

2-4-5 「L2 正則化」による過学習防止

「ヒートマップ」を見たときに説明変数同士で相関係数が高いものがありました。

しかしながら、今回のケースは説明変数の数が少ないため、相関の高いものを取り除くというのは現実的ではありません。

そのような場合は、「ロジスティック回帰」に「正則化項」（L2 ノルム）を加えることで、「過剰適合」（オーバーフィッティング）を抑えることができます。

```
# -*- coding: utf-8 -*-
from sklearn import datasets
from sklearn.model_selection import train_test_split
from sklearn import linear_model
import numpy as np
import matplotlib.pyplot as plt
import seaborn as sns
import pandas as pd

sns.set() # seabornのスタイルをセット

# データセットをロード
dataset = datasets.load_iris()

X = dataset.data  # 説明変数
y = dataset.target # 目的変数
y_name = dataset.target_names # 目的変数に対応する品種名

# 学習用、テスト用にデータを分割（1:1）
X_train, X_test, y_train, y_test = train_test_split(X, y, test_
size=0.5, random_state=0)
```

```
# 学習(ロジスティック回帰 + L2正則化)
clf     =     linear_model.LogisticRegression(random_state=0,
penalty='l2', n_jobs=1, C=15)
clf.fit(X_train, y_train)

# ロジスティック回帰の学習結果
a = clf.coef_
b = clf.intercept_

print("回帰係数:", a)
print("切片:", b)

# 予測精度の検証
print("スコア(訓練用データを入力):", clf.score(X_train, y_train))
print("スコア(テスト用を入力):", clf.score(X_test, y_test))

"""
回帰係数: [[ 0.66524407  2.15628389 -3.42581672 -1.5952244 ]
 [ 0.27279333 -3.08293152  0.91970137 -2.27832851]
 [-3.39992172 -1.51071288  4.65769737  4.0098312 ]]
切片: [ 0.40883009  5.77538438 -3.89572019]
スコア(訓練用データを入力): 0.9866666666666667
スコア(テスト用を入力): 0.92
"""
```

「学習データ」と「テストデータ」のスコアの差が小さくなり、「過学習」が改善されています。

2.5 「サポート・ベクター・マシン」(SVM)の実装例

「Scikit-learn」では、「svm.SVC()」を用いることで「サポート・ベクター・マシン」(SVM) を実装できます。

2-5-1 書式

```
svm.SVC(gamma, C)
```

パラメータ	説 明
gamma	「rbf」「poly」「sigmoid」カーネル(ガウシアンカーネル)のパラメータ(値が大きいほど境界が複雑になる)。
C	どれだけ誤分類を許容するかのパラメータ(値が小さいほど誤分類を許容)。
kernel	非線形の境界線を生成するのに必要なパラメータ。 カーネル関数の種類(デフォルトは rbf)。rbf(RBF カーネル), linear(線形カーネル:これを使うと単純な線形となるが処理速度は速い), poly(多項式カーネル), sigmoid(シグモイドカーネル)などを指定できる。

・ソースコード

```
# -*- coding: utf-8 -*-
import pandas as pd
import numpy as np
from sklearn import svm
import joblib

# 学習用のデータを読み込み
train_data = pd.read_csv("C:/github/sample/python/scikit/svm/ex1_data/train.csv", sep=",")

# 説明変数:x1, x2
train_X = train_data.loc[:, ['x1', 'x2']].values
```

```
# 目的変数：x3
train_y = train_data['x3'].values

# 学習（SVM）
clf = svm.SVC(gamma=0.001, C=100.)
clf.fit(train_X, train_y)

# 学習結果を出力
joblib.dump(clf, 'C:/github/sample/python/scikit/svm/ex1_data/
train.learn')

# 学習済ファイルのロード
clf2  =  joblib.load('C:/github/sample/python/scikit/svm/ex1_
data/train.learn')

# テスト用データの読み込み
test_data  =  pd.read_csv("C:/github/sample/python/scikit/svm/
ex1_data/test.csv", sep=",")

# 学習結果の検証（テスト用データx1, x2を入力）
test_X = test_data.loc[:, ['x1', 'x2']].values
test_y = clf2.predict(test_X)

# 検証結果の表示
print("検証結果：", test_y)

"""
検証結果： [0 1 1 0]
"""
```

検証結果をみると、「x1 と x2 の和が 10 以上・・・x3 は 1、x1 と x2 の和が 10 未満・・・x3 は 0」と判別していることが分かります。

・学習用データ(train.csv)

```
"x1","x2","x3"
3,2,0
1,2,0
5,6,1
6,7,1
5,5,1
4,5,0
3,6,0
8,0,0
9,6,1
6,2,0
7,8,1
x1とx2の和が10以上・・・x3は1
x1とx2の和が10未満・・・x3は0
```

・テスト用データ(test.csv)

```
"x1","x2"
4,2
6,7
8,5
3,3
```

2-5-2 「決定境界」を描画して、「学習ずみモデル」の可視化

「Scikit-learn」で作った「学習ずみモデル」をグラフで可視化(生成された「決定境界」を描画)します。

やり方は簡単で、「説明変数」に合わせた細かい入力データを作り、学習したモデルで分類を行ない、塗りつぶしていきます。

その際、各クラスを色分けしてプロットすることで、決定境界(分類の境

界線)が浮かび上がります。

細かいデータを作る際は、「numpy」の「meshgrid」を使うと便利です。

・サンプルコード

ロードする入力データは、前項と同じものです。

```
# -*- coding: utf-8 -*-
import pandas as pd
import numpy as np
from sklearn import svm
import joblib
import matplotlib.pyplot as plt

# 入力データのファイルパス
load_input_data_path = "C:/github/sample/python/scikit/svm/
ex2_data/train.csv"

# 学習済みモデルデータの出力先パス
save_trained_data_path = 'C:/github/sample/python/scikit/svm/
ex2_data/train.learn'

# テストデータのファイルパス
load_test_data_path = "C:/github/sample/python/scikit/svm/ex2_
data/test.csv"

# グラフ出力先パス
save_graph_img_path = 'C:/github/sample/python/scikit/svm/ex2_
data/graph3.png'

# グラフ画像のサイズ
fig_size_x = 10
fig_size_y = 10
```

```
# 軸目盛りのフォントサイズ
lim_font_size= 22

# 学習用のデータを読み込み
train_data = pd.read_csv(load_input_data_path, sep=",")

# 説明変数：x1, x2
train_X = train_data.loc[:, ['x1', 'x2']].values

# 目的変数：x3
train_y = train_data['x3'].values

# 学習（SVM）
# kernel = 'linear','rbf','poly','sigmoid'
clf = svm.SVC(gamma=0.01, C=10., kernel='rbf')
clf.fit(train_X, train_y)

# 学習結果を出力
joblib.dump(clf, save_trained_data_path)

# 学習済ファイルのロード
clf2 = joblib.load(save_trained_data_path)

# テスト用データの読み込み
test_data = pd.read_csv(load_test_data_path, sep=",")

# 学習結果の検証（テスト用データx1, x2を入力）
test_X = test_data.loc[:, ['x1', 'x2']].values
test_y = clf2.predict(test_X)
```

```
# 検証結果の表示
print("test X：", test_X)
print("test y：", test_y)

"""
test_y： [0 1 1 0]
"""

# 境界線プロット用の格子状データを生成
x1 = np.linspace(0.0, 10.0, 100)
x2 = np.linspace(0.0, 10.0, 100)
X1, X2 = np.meshgrid(x1, x2)
plot_X = np.c_[X1.ravel(), X2.ravel()]

plot_y = clf2.predict(plot_X)

# 検証結果の表示
print("plot X：", plot_X)
print("plot y：", plot_y)

# グラフ設定
plt.figure(figsize=(fig_size_x, fig_size_y))
ax = plt.axes()
plt.rcParams['font.family'] = 'Times New Roman'  # 全体のフォント
plt.rcParams['font.size'] = lim_font_size  # 全体のフォント
plt.rcParams['axes.linewidth'] = 1.0    # 軸の太さ

# 格子データで散布図をプロットし、決定境界を描画 (y=0:blue, y=1:red)
plt.scatter(plot_X.T[0][plot_y <= 0], plot_X.T[1][plot_y <= 0],
marker='o', color="blue", alpha=0.2)
plt.scatter(plot_X.T[0][plot_y > 0], plot_X.T[1][plot_y > 0],
```

```
marker='o', color="red", alpha=0.2)

# 学習用データを散布図にプロット（y=0:blue, y=1:red）
plt.scatter(train_X.T[0][train_y <= 0], train_X.T[1][train_y
 <= 0], marker='o', color="blue", alpha=1.0)
plt.scatter(train_X.T[0][train_y > 0], train_X.T[1][train_y
> 0], marker='o', color="red", alpha=1.0)

#plt.legend(loc=1)                # 凡例の表示（2：位置は第二象限）
#plt.title('SVM TEST', fontsize=lim_font_size)   # グラフタイトル
plt.xlabel('x1', fontsize=lim_font_size)              # x軸ラベル
plt.ylabel('x2', fontsize=lim_font_size)              # y軸ラベル

plt.grid()                                      # グリッドの表示
# plt.show()
plt.savefig(save_graph_img_path)
plt.close() # バッファ解放
```

・**実行結果**

パラメータをいろいろ変えて実行した結果です。

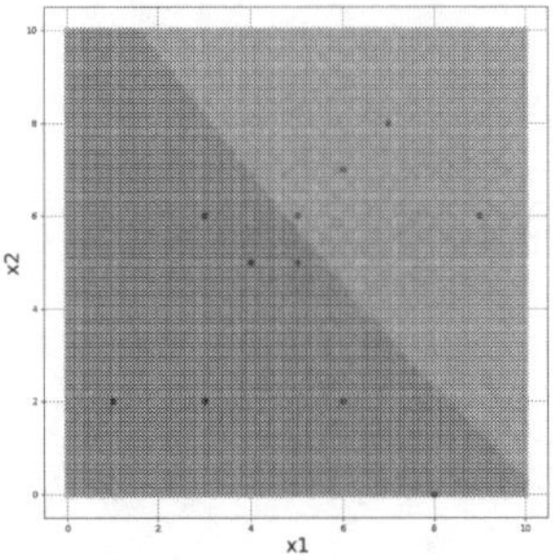

gamma = 0.001, C = 100., kernel = 'rbf'

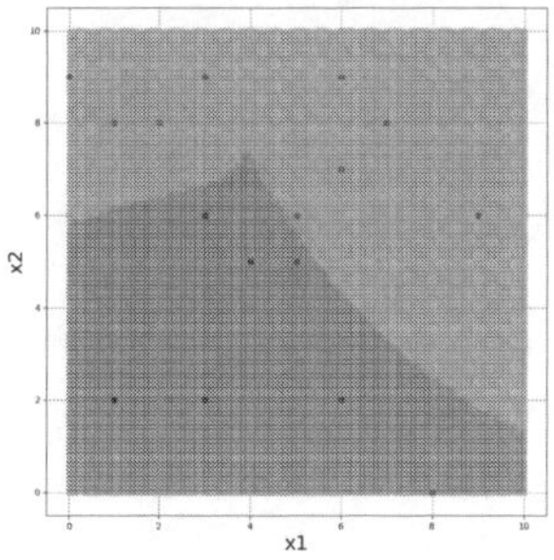

gamma = 0.01, C = 10., kernel = 'rbf'
「gammma」が大きいほど境界が複雑になり、
「C」が小さいほど誤分類を許容します。

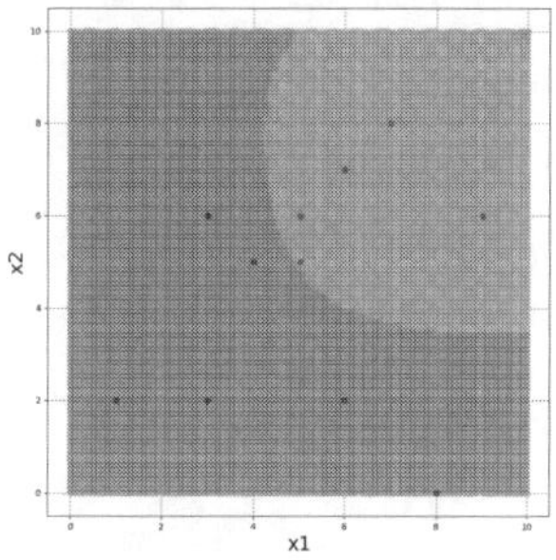

gamma = 0.1, C = 1., kernel = 'rbf'

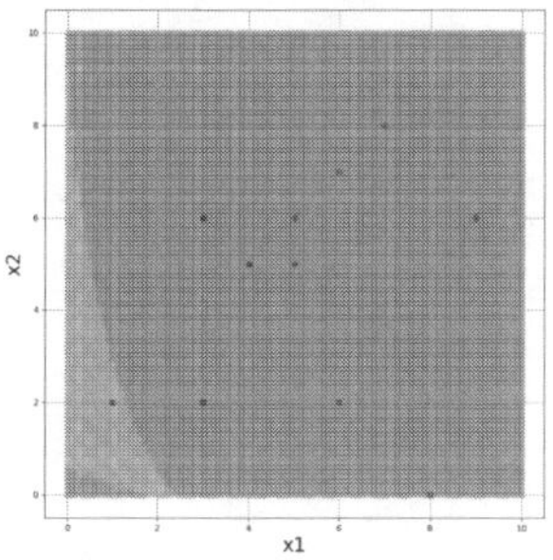

gamma = 0.1, C = 100., kernel = 'sigmoid'

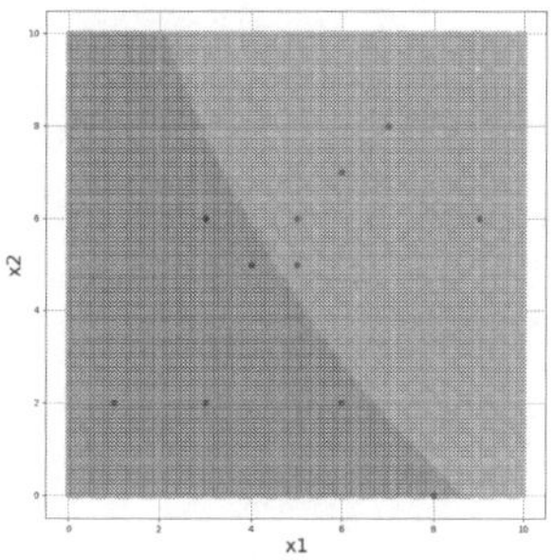

gamma = 0.1, C = 1., kernel = 'poly'

2-5-3 多クラス分類

「Scikit-learn」のSVMは、「多クラス分類」もできます。

方法は、「学習用データ」の「目的変数」(教師ラベル)を「クラス数」分増やすだけでコードは2分類と変わりません。

・ソースコード

```
# -*- coding: utf-8 -*-
import pandas as pd
import numpy as np
from sklearn import svm
```

```
import joblib
import matplotlib.pyplot as plt
from sklearn import metrics

# 入力データのファイルパス
load_input_data_path = "C:/github/sample/python/scikit/svm/
ex3_data/train.csv"

# 学習済みモデルデータの出力先パス
save_trained_data_path = 'C:/github/sample/python/scikit/svm/
ex3_data/train.learn'

# テストデータのファイルパス
load_test_data_path = "C:/github/sample/python/scikit/svm/ex3_
data/test.csv"

# グラフ出力先パス
save_graph_img_path = 'C:/github/sample/python/scikit/svm/ex3_
data/graph.png'

# グラフ画像のサイズ
fig_size_x = 10
fig_size_y = 10

# 軸目盛りのフォントサイズ
lim_font_size= 22

# 学習用のデータを読み込み
train_data = pd.read_csv(load_input_data_path, sep=",")
```

```
# 説明変数：x1, x2
train_X = train_data.loc[:, ['x1', 'x2']].values

# 目的変数：x3
train_y = train_data['x3'].values

# 学習（SVM）
clf = svm.SVC(gamma=0.5, C=1., kernel='rbf')
clf.fit(train_X, train_y)

# 学習結果を出力
joblib.dump(clf, save_trained_data_path)

# 学習済ファイルのロード
clf2 = joblib.load(save_trained_data_path)

# テスト用データの読み込み
test_data = pd.read_csv(load_test_data_path, sep=",")

# 説明変数：x1, x2
test_X = test_data.loc[:, ['x1', 'x2']].values

# 正解データ：x3
test_y = test_data['x3'].values

# 学習結果の検証（テスト用データx1, x2を入力）
predicted_y = clf2.predict(test_X)

# 正解データと予測データを比較し、スコアを計算
score = metrics.accuracy_score(test_y, predicted_y)
```

```
# 検証結果の表示
print("Score：", score)

"""
Score： 1.0
"""

# 境界線プロット用の格子状データを生成
x1 = np.linspace(0.0, 10.0, 100)
x2 = np.linspace(0.0, 10.0, 100)
X1, X2 = np.meshgrid(x1, x2)
plot_X = np.c_[X1.ravel(), X2.ravel()]

plot_y = clf2.predict(plot_X)

# グラフ設定
plt.figure(figsize=(fig_size_x, fig_size_y))
ax = plt.axes()
plt.rcParams['font.family'] = 'Times New Roman'  # 全体のフォント
plt.rcParams['font.size'] = lim_font_size  # 全体のフォント
plt.rcParams['axes.linewidth'] = 1.0    # 軸の太さ

# 格子データで散布図をプロットし、決定境界を描画（y=0:blue, y=1:red, 
y=2:green)
plt.scatter(plot_X.T[0][plot_y == 0], plot_X.T[1][plot_y == 0], 
marker='o', color="blue", alpha=0.1)
plt.scatter(plot_X.T[0][plot_y == 1], plot_X.T[1][plot_y == 1], 
marker='o', color="red", alpha=0.1)
plt.scatter(plot_X.T[0][plot_y == 2], plot_X.T[1][plot_y == 2], 
```

```
marker='o', color="green", alpha=0.1)

# 学習用データを散布図にプロット (y=0:blue, y=1:red, y=2:green)
plt.scatter(train_X.T[0][train_y == 0], train_X.T[1][train_y
 == 0], marker='o', label="0", color="blue", alpha=1.0)
plt.scatter(train_X.T[0][train_y == 1], train_X.T[1][train_y
 == 1], marker='o', label="1", color="red", alpha=1.0)
plt.scatter(train_X.T[0][train_y == 2], train_X.T[1][train_y
 == 2], marker='o', label="2", color="green", alpha=1.0)

plt.legend(loc=1)                 # 凡例の表示 (2:位置は第二象限)
plt.title('SVM TEST', fontsize=lim_font_size)    # グラフタイトル
plt.xlabel('x1', fontsize=lim_font_size)             # x軸ラベル
plt.ylabel('x2', fontsize=lim_font_size)             # y軸ラベル

plt.grid()                                  # グリッドの表示
# plt.show()
plt.savefig(save_graph_img_path)
plt.close() # バッファ解放
```

・**学習用データ (train.csv)**

「目的変数」(教師ラベル) を「0, 1, 2」の3種類に増やしています

```
"x1","x2","x3"
3,2,0
1,2,0
5,6,1
6,7,1
5,5,1
4,5,0
3,6,0
8,0,0
```

```
9,6,1
6,2,0
7,8,1
0,9,2
1,8,2
2,8,2
3,9,2
6,9,2
```

・テスト用データ（test2.csv）

```
"x1","x2","x3"
4,2,0
6,7,1
8,5,1
3,3,0
1,9,2
5,9,2
```

2-5-4 拡張しやすいよう「class化」したコード

前節のソースコードを、クラス数が増えた場合などに拡張しやすいよう修正したコードも掲載します。

```
# -*- coding: utf-8 -*-
import pandas as pd
import numpy as np
from sklearn import svm
import joblib
import matplotlib.pyplot as plt
from sklearn import metrics


class SVM():
```

```
# 学習
def train(self,
    load_input_data_path,
    save_trained_data_path,
    name_x,
    name_y,
    gamma,
    C,
    kernel):

    # 学習用のデータを読み込み
    train_data = pd.read_csv(load_input_data_path, sep=",")

    # 説明変数：x1, x2
    train_X = train_data.loc[:, name_x].values

    # 目的変数：x3
    train_y = train_data[name_y].values

    # 学習（SVM）
    clf = svm.SVC(gamma=gamma, C=C, kernel=kernel)
    clf.fit(train_X, train_y)
    joblib.dump(clf, save_trained_data_path)

# 検証
def test(self,
    load_trained_data_path,
    load_test_data_path,
    name_x,
    name_y):
```

```
    # 学習済ファイルのロード
    clf = joblib.load(load_trained_data_path)

    # テスト用データの読み込み
    test_data = pd.read_csv(load_test_data_path, sep=",")

    # 説明変数：x1, x2
    test_X = test_data.loc[:, name_x].values

    # 正解データ：x3
    test_y = test_data[name_y].values

    # 学習結果の検証（テスト用データx1, x2を入力）
    predicted_y = clf.predict(test_X)

    # 正解データと予測データを比較し、スコアを計算
    score = metrics.accuracy_score(test_y, predicted_y)

    # 検証結果の表示
    print("Score：", score)

# 予測
def predict(self,
    load_trained_data_path,
    load_input_data_path,
    name_x,
    name_y):
    # 学習済ファイルのロード
    clf = joblib.load(load_trained_data_path)

    # 入力用データの読み込み
```

```
        test_data = pd.read_csv(load_input_data_path, sep=",")

        # 説明変数：x1, x2
        test_X = test_data.loc[:, name_x].values

        # 正解データ：x3
        test_y = test_data[name_y].values

        # モデルに入力し、予測値を計算
        predicted_y = clf.predict(test_X)

        return predicted_y

    # 決定境界のプロット
    def plot2d(self,
        load_input_data_path,
        load_trained_data_path,
        save_graph_img_path,
        class_datas,
        class_colors,
        name_x,
        name_y,
        x1_name,
        x2_name,
        x1_0 = None,
        x1_n = None,
        x2_0 = None,
        x2_n = None,
        fig_size_x = 10,
        fig_size_y = 10,
        N_x1=100,
```

```
    N_x2=100,
    lim_font_size = 22,
):

    # 学習用のデータのロード
    train_data = pd.read_csv(load_input_data_path, sep=",")

    # 学習済ファイルのロード
    clf = joblib.load(load_trained_data_path)

    # 説明変数：x1, x2
    train_X = train_data.loc[:, name_x].values

    # 目的変数：x3
    train_y = train_data[name_y].values

    # 学習用データの説明変数の最大値、最小値を計算
    x1_min = train_X.T[0].min()
    x1_max = train_X.T[0].max()
    x2_min = train_X.T[1].min()
    x2_max = train_X.T[1].max()

    # 説明変数の最大値、最小値から格子データの範囲を計算
    if x1_0 == None:
        x1_0 = x1_min - 0.1 * (x1_max - x1_min)
    if x1_n == None:
        x1_n = x1_max + 0.1 * (x1_max - x1_min)

    if x2_0 == None:
        x2_0 = x2_min - 0.1 * (x2_max - x2_min)
```

```
        if x2_n == None:
            x2_n = x2_max + 0.1 * (x2_max - x2_min)

        # 境界線プロット用の格子状データを生成
        x1 = np.linspace(x1_0, x1_n, N_x1)
        x2 = np.linspace(x2_0, x2_n, N_x2)
        X1, X2 = np.meshgrid(x1, x2)
        plot_X = np.c_[X1.ravel(), X2.ravel()]

        # 格子データを学習済モデルに入力し、予測値を算出
        plot_y = clf.predict(plot_X)

        # グラフ設定
        plt.figure(figsize=(fig_size_x, fig_size_y))
        ax = plt.axes()
        plt.rcParams['font.family'] = 'Times New Roman'  # 全体
のフォント
        plt.rcParams['font.size'] = lim_font_size  # 全体のフォ
ント
        plt.rcParams['axes.linewidth'] = 1.0    # 軸の太さ

        # 散布図のプロット
        for idx, (class_data, class_color) in enumerate(zip(c
lass_datas, class_colors)):
            # 格子データをプロットし、決定境界を描画
            plt.scatter(plot_X.T[0][plot_y == class_data], pl
ot_X.T[1][plot_y == class_data], marker='o', color=class_color,
alpha=0.1)
            # 学習用データをプロット
            plt.scatter(train_X.T[0][train_y == class_data],
train_X.T[1][train_y == class_data], marker='o',
```

```
label=str(class_data), color=class_color, alpha=1.0)

        plt.legend(loc=1)          # 凡例の表示（2：位置は第二象限）
        plt.title("Decision boundary (" + x1_name + ", " + x2_
name + ")", fontsize=lim_font_size)   # グラフタイトル
        plt.xlabel(x1_name, fontsize=lim_font_size)          #
x軸ラベル
        plt.ylabel(x2_name, fontsize=lim_font_size)          #
y軸ラベル

        plt.grid()                                 # グリッドの表示
        # plt.show()
        plt.savefig(save_graph_img_path)
        plt.close() # バッファ解放

def main():
    # 入力データのファイルパス
    LOAD_INPUT_DATA_PATH = "C:/github/sample/python/scikit/svm/
ex4_data/train.csv"

    # 学習済みモデルデータの出力先パス
    SAVE_TRAINED_DATA_PATH = 'C:/github/sample/python/scikit/
svm/ex4_data/train.learn'

    # テストデータのファイルパス
    LOAD_TEST_DATA_PATH = "C:/github/sample/python/scikit/svm/
ex4_data/test.csv"

    # グラフ出力先パス
    SAVE_GRAPH_IMG_PATH = 'C:/github/sample/python/scikit/svm/
ex4_data/graph.png'
```

```
# 説明変数の列名
NAME_X = ["x1", "x2"]

# 目的変数の列名
NAME_Y = "x3"

# SVMのパラメータ
GAMMA = 0.1
C = 1
KERNEL = "rbf"

# クラスのデータとプロット時に割り当てる色
CLASS_DATAS = [0, 1, 2]
CLASS_COLORS = ["blue", "red", "green"]

svm = SVM()

# 学習済みモデルの作成
svm.train(load_input_data_path = LOAD_INPUT_DATA_PATH,
        save_trained_data_path = SAVE_TRAINED_DATA_PATH,
        name_x = NAME_X,
        name_y = NAME_Y,
        gamma = GAMMA,
        C = C,
        kernel = KERNEL)

# 学習済みモデルの検証
svm.test(
    load_trained_data_path = SAVE_TRAINED_DATA_PATH,
    load_test_data_path = LOAD_TEST_DATA_PATH,
```

```
        name_x = NAME_X,
        name_y = NAME_Y)

    # 未知データを入力して予測
    """
    svm.test(
        load_trained_data_path = SAVE_TRAINED_DATA_PATH,
        load_input_data_path = LOAD_INPUT_DATA_PATH,
        name_x = NAME_X,
        name_y = NAME_Y)
    """

    # グラフにプロットして決定境界を可視化
    svm.plot2d(
        load_input_data_path = LOAD_INPUT_DATA_PATH,
        load_trained_data_path = SAVE_TRAINED_DATA_PATH,
        save_graph_img_path = SAVE_GRAPH_IMG_PATH,
        class_datas = CLASS_DATAS,
        class_colors = CLASS_COLORS,
        name_x = NAME_X,
        name_y = NAME_Y,
        x1_name = "x1",
        x2_name = "x2",
        fig_size_x = 10,
        fig_size_y = 10,
        lim_font_size = 25,
    )


if __name__ == "__main__":
    main()
```

2-5-5 アヤメの品種分類(Iris データセット)

「Scikit-learn」には、さまざまなサンプルデータ(学習用のデータセット)が用意されています。

今回はそのうち、「Iris データセット」を使って「アヤメの品種分類」を「SVM」(サポート・ベクター・マシン)で行なってみます。

データセットの中身は次のとおり。

種　別	概　要
説明変数	sepal length (ガクの長さ)、sepal width (ガクの幅)、petal length (花弁の長さ)、petal width (花弁の幅)
目的変数	アヤメの品種 ('setosa' =0 'versicolor' =1 'virginica' =2)
CSV	https://github.com/scikit-learn/scikit-learn/blob/master/sklearn/datasets/data/iris.csv

・サンプルコード

```
# -*- coding: utf-8 -*-
import pandas as pd
import numpy as np
from sklearn import svm
import joblib
import matplotlib.pyplot as plt
from sklearn import metrics
from sklearn.datasets import load_iris # データセットのロード用
from sklearn.model_selection import train_test_split # データセ
ットの分割用

class SVM():
    # 学習
    def train(self,
        save_trained_data_path,
```

```
    train_X,
    train_y,
    gamma,
    C,
    kernel):

    # 学習（SVM）
    clf = svm.SVC(gamma=gamma, C=C, kernel=kernel)
    clf.fit(train_X, train_y)
    joblib.dump(clf, save_trained_data_path)

# 検証
def test(self,
    load_trained_data_path,
    test_X,
    test_y):

    # 学習済ファイルのロード
    clf = joblib.load(load_trained_data_path)

    # 学習結果の検証（テスト用データx1, x2を入力）
    predicted_y = clf.predict(test_X)

    # 正解データと予測データを比較し、スコアを計算
    score = metrics.accuracy_score(test_y, predicted_y)

    # 検証結果の表示
    print("Score：", score)

# 予測
def predict(self,
```

```
        load_trained_data_path,
        test_X):
        # 学習済ファイルのロード
        clf = joblib.load(load_trained_data_path)

        # モデルに入力し、予測値を計算
        predicted_y = clf.predict(test_X)

        return predicted_y

    # 決定境界のプロット
    def plot2d(self,
        load_trained_data_path,
        save_graph_img_path,
        train_X,
        train_y,
        class_datas,
        class_colors,
        x1_name,
        x2_name,
        x1_0 = None,
        x1_n = None,
        x2_0 = None,
        x2_n = None,
        fig_size_x = 10,
        fig_size_y = 10,
        N_x1=100,
        N_x2=100,
        lim_font_size = 22,
    ):
```

```
    # 学習済ファイルのロード
    clf = joblib.load(load_trained_data_path)

    # 学習用データの説明変数の最大値、最小値を計算
    x1_min = train_X.T[0].min()
    x1_max = train_X.T[0].max()
    x2_min = train_X.T[1].min()
    x2_max = train_X.T[1].max()

    # 説明変数の最大値、最小値から格子データの範囲を計算
    if x1_0 == None:
        x1_0 = x1_min - 0.1 * (x1_max - x1_min)
    if x1_n == None:
        x1_n = x1_max + 0.1 * (x1_max - x1_min)

    if x2_0 == None:
        x2_0 = x2_min - 0.1 * (x2_max - x2_min)

    if x2_n == None:
        x2_n = x2_max + 0.1 * (x2_max - x2_min)

    # 境界線プロット用の格子状データを生成
    x1 = np.linspace(x1_0, x1_n, N_x1)
    x2 = np.linspace(x2_0, x2_n, N_x2)

    X1, X2 = np.meshgrid(x1, x2)
    plot_X = np.c_[X1.ravel(), X2.ravel()]

    # 格子データを学習済モデルに入力し、予測値を算出
    plot_y = clf.predict(plot_X)
```

```
        # グラフ設定
        plt.figure(figsize=(fig_size_x, fig_size_y))
        ax = plt.axes()
        plt.rcParams['font.family'] = 'Times New Roman'  # 全体
のフォント
        plt.rcParams['font.size'] = lim_font_size  # 全体のフォ
ント
        plt.rcParams['axes.linewidth'] = 1.0    # 軸の太さ

        # 散布図のプロット
        for idx, (class_data, class_color) in enumerate(zip(class_
datas, class_colors)):
            # 格子データをプロットし、決定境界を描画
            plt.scatter(plot_X.T[0][plot_y == class_data],
plot_X.T[1][plot_y == class_data], marker='o', color=class_
color, alpha=0.1)
            # 学習用データをプロット
            plt.scatter(train_X.T[0][train_y == class_data],
train_X.T[1][train_y == class_data], marker='o', label=str(class_
data), color=class_color, alpha=1.0)

        plt.legend(loc=1)          # 凡例の表示 (2：位置は第二象限)
        plt.title("Decision boundary (" + x1_name + ", " + x2_
name + ")", fontsize=lim_font_size)  # グラフタイトル
        plt.xlabel(x1_name, fontsize=lim_font_size)          #
x軸ラベル
        plt.ylabel(x2_name, fontsize=lim_font_size)          #
y軸ラベル

        plt.grid()                                  # グリッドの表示
        # plt.show()
```

```
        plt.savefig(save_graph_img_path)
        plt.close() # バッファ解放

def main():
    # 学習済みモデルデータの出力先パス
    SAVE_TRAINED_DATA_PATH = 'C:/github/sample/python/scikit/
svm/ex5_data/train.learn'

    # グラフ出力先パス
    SAVE_GRAPH_IMG_PATH = 'C:/github/sample/python/scikit/svm/
ex5_data/graph_x2_x3.png'

    # SVMのパラメータ
    GAMMA = 0.1
    C = 1
    KERNEL = "rbf"

    # クラスのデータとプロット時に割り当てる色
    CLASS_DATAS = [0, 1, 2]
    CLASS_COLORS = ["blue", "red", "green"]

    svm = SVM()

    # 学習用のデータを読み込み(Irisデータセットを利用)
    iris_dataset = load_iris()

    # 説明変数（学習データ）を抽出
    X = iris_dataset.data

    # 目的変数：アヤメの品種（'setosa'=0 'versicolor'=1 'virgini
ca'=2)
```

```
    y = iris_dataset.target

    X1 = np.vstack((X[:, :1]))  #sepal length(ガクの長さ)を取得
    X2 = np.vstack((X[:, 1:2])) #sepal width(ガクの幅)を取得
    X3 = np.vstack((X[:, 2:3])) #petal length(花弁の長さ)を取得
    X4 = np.vstack((X[:, 3:4])) #petal width(花弁の幅)を取得

    # 学習に使用する説明変数を選択
    X = np.hstack((X1, X2, X3, X4))
    #X = np.hstack((X1, X2))
    #X = np.hstack((X2, X3))
    #X = np.hstack((X3, X4))

    # 説明変数のデータを、学習用データと検証用データに分割(学習用90%、検
証用10%、シャッフルする)
    train_X, test_X, train_y, test_y = train_test_split(X, y,
test_size=0.1, shuffle=True)
    print("train_X size:", train_X.shape)
    print("train_y size:", train_y.shape)
    print("test_X size:", test_X.shape)
    print("test_y size:", test_y.shape)

    # 学習済みモデルの作成
    svm.train(save_trained_data_path = SAVE_TRAINED_DATA_PATH,
            train_X=train_X,
            train_y=train_y,
            gamma = GAMMA,
            C = C,
            kernel = KERNEL)

    # 学習済みモデルの検証
```

```
    svm.test(
        load_trained_data_path = SAVE_TRAINED_DATA_PATH,
        test_X=test_X,
        test_y=test_y)

    # 学習済みモデルを使って予測
    predict_y = svm.predict(
        load_trained_data_path = SAVE_TRAINED_DATA_PATH,
        test_X=test_X)

    print("test_X:", test_X)
    print("predict_y:", predict_y)

    """
    # グラフにプロットして決定境界を可視化（説明変数２つで学習したときのみ利用可能）
    svm.plot2d(load_trained_data_path = SAVE_TRAINED_DATA_PATH,
        save_graph_img_path = SAVE_GRAPH_IMG_PATH,
        train_X=train_X,
        train_y=train_y,
        class_datas = CLASS_DATAS,
        class_colors = CLASS_COLORS,
        x1_name = "x2",
        x2_name = "x3",
        fig_size_x = 10,
        fig_size_y = 10,
        lim_font_size = 25,
    )
    """

    """
```

```
    train_X size: (135, 4)
    train_y size: (135,)
    test_X size: (15, 4)
    test_y size: (15,)

    Score： 0.9333333333333333

    test_X: [[7.7 3.  6.1 2.3]
    [6.3 3.4 5.6 2.4]
    [6.4 3.1 5.5 1.8]
    [6.  3.  4.8 1.8]
    [6.9 3.1 5.4 2.1]
    [6.7 3.1 5.6 2.4]
    [6.9 3.1 5.1 2.3]
    [5.8 2.7 5.1 1.9]
    [6.8 3.2 5.9 2.3]
    [6.7 3.3 5.7 2.5]
    [6.7 3.  5.2 2.3]
    [6.3 2.5 5.  1.9]
    [6.5 3.  5.2 2. ]
    [6.2 3.4 5.4 2.3]
    [5.9 3.  5.1 1.8]]

    predict_y: [2 2 2 1 2 2 2 2 2 2 2 2 2 2 2]
    """

if __name__ == "__main__":
    main()
```

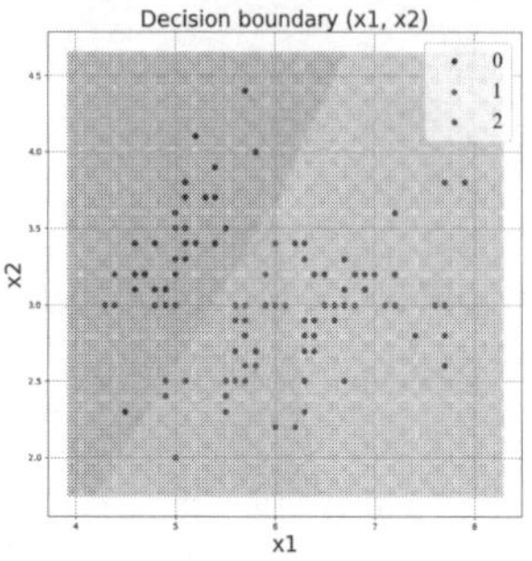

x1, x2 を説明変数として gamma = 0.1, C=1., kernel = 'rbf' で SVM モデルにより学習したときの決定境界

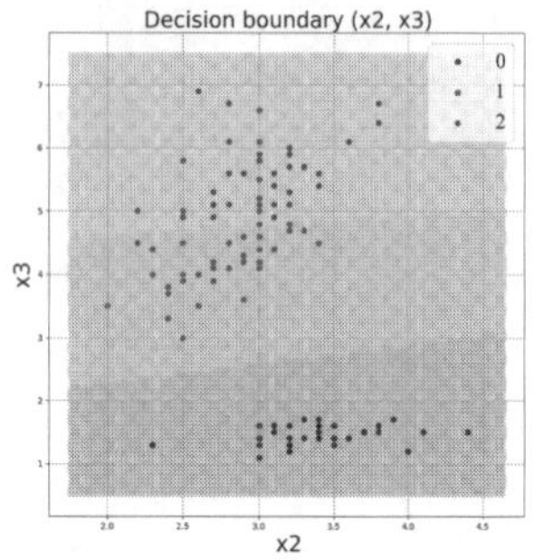

x2, x3 を説明変数として gamma = 0.1, C=1., kernel = 'rbf' で SVM モデルにより学習したときの決定境界

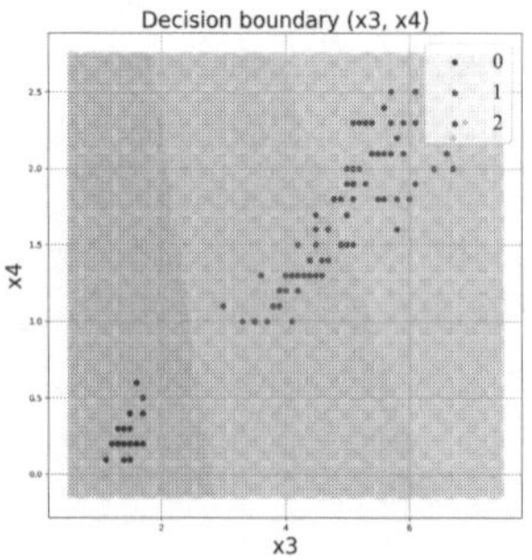

x3, x4 を説明変数として gamma = 0.1, C=1., kernel = 'rbf' で SVM モデルにより学習したときの決定境界

2-5-6 「手書き数字画像」から数字を判別（digits データセット）

「Scikit-learn」には、さまざまなサンプルデータ（学習用のデータセット）が用意されています。

そのうち、「手書き数字画像」（Digits データセット）を使って、数字判別を「SVM」（サポート・ベクター・マシン）で行なってみます。

データセットの中身は、次のとおり。

種　別	概　要
説明変数	0～9の描き数字が描かれた画像データ群。画像1枚あたり8*8の二次元配列で格納されている。また、画素値は0～16で黒（背景部分）、白（数字部分）となっている。
目的変数	各画像の正解ラベル（0～9）

・サンプルコード

```
# -*- coding: utf-8 -*-
import pandas as pd
import numpy as np
from sklearn import svm
import joblib
import matplotlib.pyplot as plt
from sklearn import metrics
from sklearn import datasets  # データセットのロード用
from sklearn.model_selection import train_test_split # データセ
ットの分割用
import cv2

class SVM():
    # 学習
    def train(self,
        save_trained_data_path,
        train_X,
        train_y,
        gamma,
        C,
        kernel):

        # 学習 (SVM)
```

```
        clf = svm.SVC(gamma=gamma, C=C, kernel=kernel)
        clf.fit(train_X, train_y)
        joblib.dump(clf, save_trained_data_path)

    # 検証
    def test(self,
        load_trained_data_path,
        test_X,
        test_y):

        # 学習済ファイルのロード
        clf = joblib.load(load_trained_data_path)

        # 学習結果の検証（テスト用データx1，x2を入力）
        predicted_y = clf.predict(test_X)

        # 正解データと予測データを比較し、スコアを計算
        score = metrics.accuracy_score(test_y, predicted_y)

        # 検証結果の表示
        print("Score：", score)

    # 予測
    def predict(self,
        load_trained_data_path,
        test_X):
        # 学習済ファイルのロード
        clf = joblib.load(load_trained_data_path)

        # モデルに入力し、予測値を計算
```

```
        predicted_y = clf.predict(test_X)

        return predicted_y


def main():
    # 学習済みモデルデータの出力先パス
    SAVE_TRAINED_DATA_PATH = 'C:/github/sample/python/scikit/
svm/ex6_data/train.learn'

    # テスト用の画像データ（ペイントソフトで2と書いて保存したもの）
    LOAD_TEST_IMG_PATH = 'C:/github/sample/python/scikit/svm/
ex6_data/test_2.png'

    # SVMのパラメータ
    GAMMA = 0.1
    C = 1
    KERNEL = "linear" # 手書き数字画像の場合はrbfだと学習結果が悪い

    svm = SVM()

    # 学習用のデータを読み込み(Digitsデータセットを利用)
    digits_dataset = datasets.load_digits()

    # 説明変数（学習データ：手書き数字の画像データ8*8, 2次元配列）を抽出
    X = digits_dataset.images

    print("X1:", X[1])

    # 目的変数：数字（0〜9）
    y = digits_dataset.target
```

```
    # xの二次元配列を1次元に変換(-1で変換元の要素数に合わせて自動で値が
決定：変換前要素数=変換後要素数となる)
    X = X.reshape((-1, 64))

    # 説明変数のデータを、学習用データと検証用データに分割(学習用90%、検
証用10%、シャッフルする)
    train_X, test_X, train_y, test_y = train_test_split(X, y,
test_size=0.2, shuffle=True)
    print("train_X size:", train_X.shape)
    print("train_y size:", train_y.shape)
    print("test_X size:", test_X.shape)
    print("test_y size:", test_y.shape)

    # 学習済みモデルの作成
    svm.train(save_trained_data_path = SAVE_TRAINED_DATA_PATH,
            train_X=train_X,
            train_y=train_y,
            gamma = GAMMA,
            C = C,
            kernel = KERNEL)

    # 学習済みモデルの検証
    svm.test(
        load_trained_data_path = SAVE_TRAINED_DATA_PATH,
        test_X=test_X,
        test_y=test_y)

    # 学習済みモデルを使って予測
```

```
# OpenCvで任意の手書き数字画像をロードし，
# グレースケール変換，、白黒反転
# 8*8にリサイズ，1次元配列に変換，
# 値を0～16に収めてモデルに入力
test_img = cv2.imread(LOAD_TEST_IMG_PATH)
test_gray = cv2.cvtColor(test_img, cv2.COLOR_BGR2GRAY)
test_gray = cv2.bitwise_not(test_gray)
test_gray = cv2.resize(test_gray, (8, 8))
test_gray = test_gray.reshape(-1, 64)
test_gray = np.clip(test_gray, 0, 16)

predict_y = svm.predict(
    load_trained_data_path = SAVE_TRAINED_DATA_PATH,
    test_X=test_gray)

print("test_X:", test_gray)
print("predict_y:", predict_y)




"""
X1: [[ 0.  0.  0. 12. 13.  5.  0.  0.]
[ 0.  0.  0. 11. 16.  9.  0.  0.]
[ 0.  0.  3. 15. 16.  6.  0.  0.]
[ 0.  7. 15. 16. 16.  2.  0.  0.]
[ 0.  0.  1. 16. 16.  3.  0.  0.]
[ 0.  0.  1. 16. 16.  6.  0.  0.]
[ 0.  0.  1. 16. 16.  6.  0.  0.]
[ 0.  0.  0. 11. 16. 10.  0.  0.]]
```

```
    train_X size: (1437, 64)
    train_y size: (1437,)
    test_X size: (360, 64)
    test_y size: (360,)

    Score： 0.9805555555555555

    test_X: [[ 0  0  0  0  0  0  0  0  0  0 16 16  0  0  0  0
 0  0  0  0 16  0  0  0
    0  0  0  0 16  0  0  0  0  0  0  0 16  0  0  0  0  0 16  0
 0  0  0  0
    0  0 16 16 16 16  0  0  0  0  0  0  0  0  0  0]]

    predict_y: [2]

    """

if __name__ == "__main__":
    main()
```

以下のテスト画像を入力し、「2」と予測されました。

2.6 「ニューラル・ネットワーク」の実装例

2-6-1 「単純パーセプトロン」の実装例

●「単純パーセプトロン」の重み算出（勾配降下法・最急降下法）

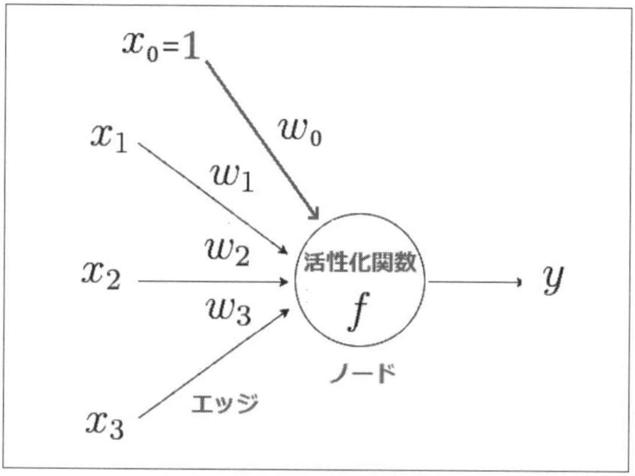

「単純パーセプロトン」とは、0番目の入力「x_0」を「1」、重み「w_0」を「閾値」とした場合の「ニューロン・モデル」のことです。

「単純パーセプトロン」の重みを「最急降下法」で計算した場合の手順は以下の通りです。

-	説明
1	初期パラメータ（学習率とエポック最大数）を設定。
2	教師データ「x」と正解ラベル「t」のセットを用意。
3	重み「w」の初期値を適当に決める。
4	教師データ「x」を「単純パーセプトロン」に入力する。
5	出力「y」と正解ラベル「t」を比較し、一致しなければ「最急降下法」で重みを更新。
6	手順3～5をエポック最大数分だけ繰り返す。

ここではこれを「Python + NumPy」で実装してみます。

・ソースコード（Python3）

```
# -*- coding: utf-8
import numpy as np

# 活性化関数（ステップ関数）
def f(x):
    x = np.array(x)
    x[x>=0] = 1
    x[x<0] = -1
    return x

# 出力
def feed_forward(w, x):
    return f(np.dot(w, x))

# 学習
def train(w, x, t, eps):
    y = feed_forward(x, w)
    # 出力と正解が異なれば重み更新
    if(t != y):
        w += eps * t * x
    return w


def main():
    # パラメータ
    eps = 0.1 # 学習率
    max_epoch = 100 # エポック最大数（計算回数の最大値）

    # 教師データ
    X = np.array([[1,0,0], [1,0,1], [1,1,0], [1,1,1]], dtype=np.
```

```
float32) # 入力
    t = np.array([-1,-1,-1,1], dtype=np.float32) # 正解ラベル

    # 重みの初期化(適当な値をセット)
    w  = np.array([0,0,0], dtype=np.float32)

    # 単純パーセプトロンで学習
    for e in range(max_epoch):
        # 学習
        for i in range(t.size):
            w = train(w, X[i], t[i], eps)

    # 検証
    y = f(np.sum(w*X, 1))
    print("出力：", y)
    print("正解：", t)
    print("重み：", w)

if __name__ == "__main__":
    main()
```

・教師データ

x_0	x_1	x_2	t
1	0	0	−1(不正解)
1	0	1	−1(不正解)
1	1	0	−1(不正解)
1	1	1	1(正解)

AND 演算（$x_1 * x_2$）を学習させます。
「x_0」はバイアス項なので、すべて「1」。

・実行結果

サンプルプログラムの実行結果です。

```
出力：[-1. -1. -1.  1.]
正解：[-1. -1. -1.  1.]
重み：[-0.2  0.2        0.1       ]
```

2-6-2 「多層パーセプトロン」の実装例

機械学習ライブラリ「Scikit-learn」では、「バージョン 0.18.0」から「ニューラル・ネットワーク」(NN) を利用できるようになりました。

ここでは、それを用いて CSV ファイルのデータを読み込んで学習させてみます。

●書式

「scikit-learn」では、「sklearn.neural_network.MLPClassifier」クラスを使うことで「ニューラル・ネットワーク」(NN) を実装できます。

このクラスは、「ニューラル・ネットワーク」でよく利用されている「多層パーセプトロン」(MLP) 方式です。

```
sklearn.neural_network.MLPClassifier(hidden_layer_sizes=(100,
), activation='relu', solver='adam', alpha=0.0001, batch_size
='auto', learning_rate='constant', learning_rate_init=0.001,
power_t=0.5, max_iter=200, shuffle=True, random_state=None,
tol=0.0001, verbose=False, warm_start=False, momentum=0.9, ne
sterovs_momentum=True, early_stopping=False, validation_fract
ion=0.1, beta_1=0.9, beta_2=0.999, epsilon=1e-08)
```

※ 各パラメータに設定されてる値（＝の後）はデフォルト値

パラメータ（引数）	内　容
hidden_layer_sizes=(100,)	隠れ層のノード数（多層化可能）
activation='relu'	活性化関数（identify, logistic, tanh, relu）
solver='adam'	最適化手法（lbfgs, sgd, adam）

alpha	L2 ペナルティ（正則化の項）
batch_size=’ auto’	最適化のバッチサイズ（sgd、adam 用）
learning_rate	重み更新のための学習率スケジュール（‘定数’、‘invscaling’、‘adaptive’）
max_iter=200	反復の最大回数
shuffle	反復する度にサンプルをシャッフルするか（solver が ‘sgd’ か ‘adam’ の時に使用）
random_state	乱数生成の状態 or シード（int、RandomState）
tol	最適化の許容誤差
power_t	スケーリング学習率の指数
verbose	進捗メッセージを標準出力するかどうか
warm_start	以前の呼び出しの解を再利用して初期化するかどうか
momentum	勾配降下更新のモメンタム
nesterovs_momentum	訓練データの 10％が妥当性検査として自動設定され、2 つの連続したエポックで少なくとも妥当性スコアが改善していない場合は訓練終了（solver = ‘sgd’ または ‘adam’ で有効）
early_stopping	検証スコアが改善されていないとき訓練中止のために早期停止を使用するかどうか
validation_fractionv	早期停止のための妥当性確認として設定される訓練データの割合
beta_1	「adam」の第 1 モーメントベクトルの推定値に対する指数関数的減衰率
beta_2	「adam」の第 2 モーメントベクトルの推定値に対する指数関数的減衰率
epsilon	「adam」の数値安定性の値 (solver = ‘adam’ で使用)

【参考サイト】

http://scikit-learn.org/stable/modules/generated/sklearn.neural_network.MLPClassifier.html#sklearn.neural_network.MLPClassifier

・ソースコード

```
# -*- coding: utf-8 -*-
import pandas as pd
import numpy as np
from sklearn.neural_network import MLPClassifier
from sklearn import metrics
import joblib
import matplotlib.pyplot as plt

# 学習用データのパス
LOAD_TRAIN_DATA_PATH = "C:/github/sample/python/scikit/mlp/ex2_
data/train.csv"

# 学習済みモデルデータの保存先パス
SAVE_TRAINED_DATA_PATH = "C:/github/sample/python/scikit/mlp/ex2_
data/train.learn"

# 検証用データのパス
LOAD_TEST_DATA_PATH = "C:/github/sample/python/scikit/mlp/ex2_
data/test.csv"

# グラフ出力先パス
save_graph_img_path = 'C:/github/sample/python/scikit/mlp/ex2_
data/graph.png'

# グラフ画像のサイズ
fig_size_x = 10
fig_size_y = 10

# 軸目盛りのフォントサイズ
```

```
lim_font_size= 22

# ニューラルネットワークのパラメータ
solver = "sgd"
random_state = 0
max_iter = 10000

# 学習用のデータを読み込み
train_data = pd.read_csv(LOAD_TRAIN_DATA_PATH, sep=",")

# 説明変数：x1, x2
train_X = train_data.loc[:, ['x1', 'x2']].values

# 目的変数：x3
train_y = train_data['x3'].values

# 学習
clf = MLPClassifier(
    solver=solver,
    random_state=random_state,
    max_iter=max_iter)

clf.fit(train_X, train_y)

# 学習結果を出力
joblib.dump(clf, SAVE_TRAINED_DATA_PATH)

# 学習済ファイルのロード
clf2 = joblib.load(SAVE_TRAINED_DATA_PATH)
```

```
# テスト用データの読み込み
test_data = pd.read_csv(LOAD_TEST_DATA_PATH, sep=",")

# 検証用の説明変数（学習データ）：x1, x2
test_X = test_data.loc[:, ['x1', 'x2']].values

# 検証用の目的変数（正解データ）：x3
test_y = test_data['x3'].values

# 学習結果の検証（テスト用データx1, x2を入力）
predict_y = clf2.predict(test_X)

# 正解データと予測データを比較し、スコアを計算
score = metrics.accuracy_score(test_y, predict_y)

# 検証結果の表示
print("正解データ：", test_y)
print("予測結果：", predict_y)
print("スコア：", score)

"""
正解データ： [0 1 1 0 2 2]
予測結果： [0 1 1 0 2 2]
スコア： 1.0
"""

# 境界線プロット用の格子状データを生成
x1 = np.linspace(0.0, 10.0, 100)
x2 = np.linspace(0.0, 10.0, 100)
X1, X2 = np.meshgrid(x1, x2)
```

```
plot_X = np.c_[X1.ravel(), X2.ravel()]

# 入力
plot_y = clf2.predict(plot_X)

# グラフ設定
plt.figure(figsize=(fig_size_x, fig_size_y))
ax = plt.axes()
plt.rcParams['font.family'] = 'Times New Roman'  # 全体のフォント
plt.rcParams['font.size'] = lim_font_size  # 全体のフォント
plt.rcParams['axes.linewidth'] = 1.0    # 軸の太さ

#  格子データで散布図をプロットし、決定境界を描画（y=0:blue,  y=1:red,
y=2:green)
plt.scatter(plot_X.T[0][plot_y == 0], plot_X.T[1][plot_y ==
0], marker='o', color="blue", alpha=0.1)
plt.scatter(plot_X.T[0][plot_y == 1], plot_X.T[1][plot_y ==
1], marker='o', color="red", alpha=0.1)
plt.scatter(plot_X.T[0][plot_y == 2], plot_X.T[1][plot_y ==
2], marker='o', color="green", alpha=0.1)

# 学習用データを散布図にプロット（y=0:blue, y=1:red, y=2:green)
plt.scatter(train_X.T[0][train_y == 0], train_X.T[1][train_y
== 0], marker='o', label="0", color="blue", alpha=1.0)
plt.scatter(train_X.T[0][train_y == 1], train_X.T[1][train_y
== 1], marker='o', label="1", color="red", alpha=1.0)
plt.scatter(train_X.T[0][train_y == 2], train_X.T[1][train_y
== 2], marker='o', label="2", color="green", alpha=1.0)
```

```
plt.legend(loc=1)                # 凡例の表示（2：位置は第二象限）
plt.title('MLP TEST', fontsize=lim_font_size)   # グラフタイトル
plt.xlabel('x1', fontsize=lim_font_size)              # x軸ラベル
plt.ylabel('x2', fontsize=lim_font_size)              # y軸ラベル

plt.grid()                                  # グリッドの表示
# plt.show()
plt.savefig(save_graph_img_path)
plt.close() # バッファ解放
```

表示されない場合は、「https://github.com/nishizumi-lab/sample/blob/master/python/scikit/mlp/ex2.py」をご覧ください。

・学習用データ

```
"x1","x2","x3"
3,2,0
1,2,0
5,6,1
6,7,1
5,5,1
4,5,0
3,6,0
8,0,0
9,6,1
6,2,0
7,8,1
0,9,2
1,8,2
2,8,2
3,9,2
6,9,2
```

・テスト用データ

```
"x1","x2","x3"
4,2,0
6,7,1
8,5,1
3,3,0
1,9,2
5,9,2
```

● MLPの「決定境界」を可視化

「Scikit-learn」で作成した学習ずみモデルをグラフで可視化（生成された決定境界を描画）します。

やり方は簡単で、「説明変数」に合わせた細かい入力データを作り、学習したモデルで分類を行ない、塗りつぶしていきます。

その際、各クラスを色分けしてプロットすることで、「決定境界」（分類の境界線）が浮かび上がります。

細かいデータを作る際は、「numpy」の「meshgrid」を使うと便利です。

・ソースコード

```
# -*- coding: utf-8 -*-
import pandas as pd
import numpy as np
from sklearn.neural_network import MLPClassifier
from sklearn import metrics
import joblib
import matplotlib.pyplot as plt

# 学習用データのパス
LOAD_TRAIN_DATA_PATH = "C:/github/sample/python/scikit/mlp/ex2_
data/train.csv"
```

```
# 学習済みモデルデータの保存先パス
SAVE_TRAINED_DATA_PATH = "C:/github/sample/python/scikit/mlp/ex2_
data/train.learn"

# 検証用データのパス
LOAD_TEST_DATA_PATH = "C:/github/sample/python/scikit/mlp/ex2_
data/test.csv"

# グラフ出力先パス
save_graph_img_path = 'C:/github/sample/python/scikit/mlp/ex2_
data/graph.png'

# グラフ画像のサイズ
fig_size_x = 10
fig_size_y = 10

# 軸目盛りのフォントサイズ
lim_font_size= 22

# ニューラルネットワークのパラメータ
solver = "sgd"
random_state = 0
max_iter = 10000

# 学習用のデータを読み込み
train_data = pd.read_csv(LOAD_TRAIN_DATA_PATH, sep=",")

# 説明変数：x1, x2
train_X = train_data.loc[:, ['x1', 'x2']].values

# 目的変数：x3
train_y = train_data['x3'].values
```

```
# 学習
clf = MLPClassifier(
    solver=solver,
    random_state=random_state,
    max_iter=max_iter)

clf.fit(train_X, train_y)

# 学習結果を出力
joblib.dump(clf, SAVE_TRAINED_DATA_PATH)

# 学習済ファイルのロード
clf2 = joblib.load(SAVE_TRAINED_DATA_PATH)

# テスト用データの読み込み
test_data = pd.read_csv(LOAD_TEST_DATA_PATH, sep=",")

# 検証用の説明変数（学習データ）：x1, x2
test_X = test_data.loc[:, ['x1', 'x2']].values

# 検証用の目的変数（正解データ）：x3
test_y = test_data['x3'].values

# 学習結果の検証（テスト用データx1, x2を入力）
predict_y = clf2.predict(test_X)

# 正解データと予測データを比較し、スコアを計算
score = metrics.accuracy_score(test_y, predict_y)

# 検証結果の表示
print("正解データ：", test_y)
```

```
print("予測結果：", predict_y)
print("スコア：", score)

"""
正解データ： [0 1 1 0 2 2]
予測結果： [0 1 1 0 2 2]
スコア： 1.0
"""

# 境界線プロット用の格子状データを生成
x1 = np.linspace(0.0, 10.0, 100)
x2 = np.linspace(0.0, 10.0, 100)
X1, X2 = np.meshgrid(x1, x2)
plot_X = np.c_[X1.ravel(), X2.ravel()]

# 入力
plot_y = clf2.predict(plot_X)

# グラフ設定
plt.figure(figsize=(fig_size_x, fig_size_y))
ax = plt.axes()
plt.rcParams['font.family'] = 'Times New Roman'  # 全体のフォント
plt.rcParams['font.size'] = lim_font_size  # 全体のフォント
plt.rcParams['axes.linewidth'] = 1.0    # 軸の太さ

# 格子データで散布図をプロットし、決定境界を描画（y=0:blue, y=1:red,
y=2:green)
plt.scatter(plot_X.T[0][plot_y == 0], plot_X.T[1][plot_y ==
0], marker='o', color="blue", alpha=0.1)
plt.scatter(plot_X.T[0][plot_y == 1], plot_X.T[1][plot_y ==
1], marker='o', color="red", alpha=0.1)
plt.scatter(plot_X.T[0][plot_y == 2], plot_X.T[1][plot_y ==
```

```
2], marker='o', color="green", alpha=0.1)

# 学習用データを散布図にプロット (y=0:blue, y=1:red, y=2:green)
plt.scatter(train_X.T[0][train_y == 0], train_X.T[1][train_y
== 0], marker='o', label="0", color="blue", alpha=1.0)
plt.scatter(train_X.T[0][train_y == 1], train_X.T[1][train_y
== 1], marker='o', label="1", color="red", alpha=1.0)
plt.scatter(train_X.T[0][train_y == 2], train_X.T[1][train_y
== 2], marker='o', label="2", color="green", alpha=1.0)


plt.legend(loc=1)               # 凡例の表示 (2:位置は第二象限)
plt.title('MLP TEST', fontsize=lim_font_size)   # グラフタイトル
plt.xlabel('x1', fontsize=lim_font_size)            # x軸ラベル
plt.ylabel('x2', fontsize=lim_font_size)            # y軸ラベル

plt.grid()                                  # グリッドの表示
# plt.show()
plt.savefig(save_graph_img_path)
plt.close() # バッファ解放
```

・学習用データ

```
"x1","x2","x3"
3,2,0
1,2,0
5,6,1
6,7,1
5,5,1
4,5,0
3,6,0
8,0,0
9,6,1
```

```
6,2,0
7,8,1
0,9,2
1,8,2
2,8,2
3,9,2
6,9,2
```

・テスト用データ

```
"x1","x2","x3"
4,2,0
6,7,1
8,5,1
3,3,0
1,9,2
5,9,2
```

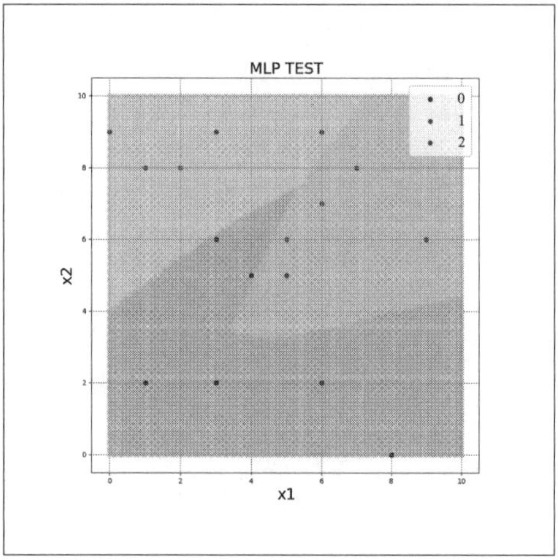

2.7 「ディープラーニング」(深層学習)の実装例

2-7-1 「XOR 演算」の学習

● ニューラルネットで「XOR 演算」の学習

動作確認を兼ねてまずは XOR 演算を学習させてみましょう。

・「XOR 演算」の訓練データ

入力 x	教師データ y
0, 0	0
1, 0	1
0, 1	1
1, 1	0

・サンプルコード

```
# -*- coding: utf-8 -*-
import numpy as np
from tensorflow.keras.models import Sequential, model_from_json
from tensorflow.keras.layers import Dense
from tensorflow.keras.optimizers import RMSprop

def main():
    # 説明変数（訓練用データ、入力データ）の用意
    x_train = np.array([[0.0, 0.0],
                        [1.0, 0.0],
                        [0.0, 1.0],
                        [1.0, 1.0]])
    # 目的変数（正解データ）
    y_train = np.array([[0.0, 0.0],
                        [1.0, 0.0],
                        [1.0, 0.0],
                        [0.0, 0.0]])

    # モデル構築
    model = Sequential()

    # 中間層(入力数:input_dim = 2, ユニット数:units = 3)
    # Denseは全結合層のレイヤモジュール
    model.add(Dense(activation='sigmoid', input_dim=2, units=3))

    # 出力層(入力数:input_dim = 3だが、中間層のユニット数と同じなので省略可能,
 ユニット数:units = 2)
    model.add(Dense(units=2, activation='sigmoid'))

    # 単純パーセプトロンをコンパイル（勾配法：RMSprop、損失関数：mean_squared_
```

```
error、評価関数：accuracy)
    model.compile(loss='mean_squared_error', optimizer=RMSprop(),
metrics=['accuracy'])

    # 学習（教師データでフィッティング、バッチサイズ：4，エポック数：1000）
    history = model.fit(x_train, y_train, batch_size=4, epochs=3000)

    # 検証用データの用意
    x_test = x_train
    y_test = y_train

    # モデルの検証（性能評価）
    test_loss, test_acc = model.evaluate(x_train, y_train, verbose=0)
    print('test_loss:', test_loss) # 損失関数値（この値を最小化するように
パラメータ（重みやバイアス）の調整が行われる）
    print('test_acc:', test_acc) # 精度

    # 検証用データをモデルに入力し、出力（予測値）を取り出す
    predict_y = model.predict(x_test)
    print("y_test:", y_test)  # 正解データ
    print("predict_y:", predict_y)  # 予測データ

    # 出力値をしきい値処理
    threshold = 0.5
    print("thresholded predict_y:", (predict_y > threshold).astype
(np.int))

if __name__ == '__main__':
    main()

    """
    Epoch 3000/3000
    4/4 [==============================] - 0s 169us/step - loss: 0.
0771 - accuracy: 1.0000
    test_loss: 0.07708477973937988

    test_acc: 1.0

    y_test: [
    [0. 0.]
    [1. 0.]
    [1. 0.]
    [0. 0.]]

    predict_y: [[2.8050968e-01 5.3314846e-03]
    [6.6344094e-01 1.4451070e-04]
    [6.6060764e-01 1.5853217e-04]
    [4.3820027e-01 3.6908728e-05]]
    thresholded predict_y: [[0 0]
    [1 0]
    [1 0]
    [0 0]]
    """
```

2-7-2 モデル構造の可視化

「Python」と深層学習ライブラリ「Keras」で作成した学習モデルの構造を可視化します。

```
model.summary()
```

モデル構造を標準出力します。

```
plot_model
```

モデルの構造を画像で出力できるものです。

「plot_model」の引数の設定は以下のとおり。

引数	機能
show_shapes	グラフ中に出力の shape を出力するかどうか（デフォルトは False)
show_layer_names	グラフ中にレイヤー名を出力するかどうか（デフォルトは True) を制御します。
expand_nested	グラフ中にネストしたモデルをクラスタに展開するかどうか（デフォルトは False)
dpi	画像の dpi（デフォルトは 96)

※ 使うには、以下のような別途モジュールなどのインストールが必要です。

```
pip install pydot
pip install graphviz
brew install graphviz
```

● '`pydot` failed to call GraphViz.' エラーなどが出た場合

「Python」と深層学習ライブラリ「Keras」で '`pydot` failed to call GraphViz.' エラーなどが出た場合の解決方法についてまとめています。

＊

深層学習ライブラリ「Keras」の「plot_model」は、モデルの構造を画像で出力できるものです。
実行して、以下のようなエラーが出た場合は、追加でモジュールなどをインストールする必要があります。

```
    'Failed to import `pydot`. '
ImportError: Failed to import `pydot`. Please install `pydot`.



    '`pydot` failed to call GraphViz.'
OSError: `pydot` failed to call GraphViz.Please install Graph
Viz (https://www.graphviz.org/) and ensure that its executabl
es are in the $PATH.
```

追加インストールは、Mac環境の場合は以下のコマンドで可能です。

```
pip install pydot
pip install graphviz
brew install graphviz
```

・サンプルコード

```
# -*- coding: utf-8 -*-
from tensorflow.keras.models import Sequential, model_from_json
from tensorflow.keras.layers import Dense
from tensorflow.keras.optimizers import RMSprop
from tensorflow.keras.utils import plot_model
import numpy as np
import os

def main():

    # データの保存先(自分の環境に応じて適宜変更)
    SAVE_DATA_DIR_PATH = "C:/github/sample/python/keras/01_test/
```

```
ex3_data/"

    # ディレクトリがなければ作成
    os.makedirs(SAVE_DATA_DIR_PATH, exist_ok=True)

    # モデル構築
    model = Sequential()

    # 中間層 ( 入力数 :input_dim = 2, ユニット数 :units = 3)
    # Dense は全結合層のレイヤモジュール
    model.add(Dense(activation='sigmoid', input_dim=2, uni
ts=3))

    # 出力層 ( 入力数 :input_dim = 3 だが、中間層のユニット数と同じなの
で省略可能 , ユニット数 :units = 2)
    model.add(Dense(units=2, activation='sigmoid'))

    # 単純パーセプトロンをコンパイル (勾配法:RMSprop、損失関数:mean_
squared_error、評価関数:accuracy)
    model.compile(loss='mean_squared_error', optimizer=RMSpr
op(), metrics=['accuracy'])

    # モデル構造の標準出力
    model.summary()

    # モデル構造の画像出力
    plot_model(model, to_file=SAVE_DATA_DIR_PATH + "plot_mod
el.png")
```

```
if __name__ == '__main__':
    main()

    """
    on
    Model: "sequential_1"
    _________________________________________________________________
    Layer (type)                 Output Shape              Param #
    =================================================================
    dense_1 (Dense)              (None, 3)                 9
    _________________________________________________________________
    dense_2 (Dense)              (None, 2)                 8
    =================================================================
    Total params: 17
    Trainable params: 17
    Non-trainable params: 0
    _________________________________________________________________
    """
```

●【その他】Model クラスのプロパティ・メソッド

「Model」クラスの「プロパティ・メソッド」を、以下にまとめています。

プロパティ	概　要
model.name	model の名前
model.inputs	入力の Tensor クラスのリスト
model.outputs	出力の Tensor クラスのリスト
model.layers	Layer クラスのリスト
model.trainable	model が trainable か (boolean)
model.input_shape	入力の shape

model.output_shape	出力の shape
model.weights	「Variable」クラスのリスト
model.trainable_weights	学習可能な「Variable」クラスのリスト
model.non_trainable_weights	学習不可能な「Variable」クラスのリスト

メソッド	概　要
model.summary(line_length=None, positions=None, print_fn=None)	model 構造をプリント表示
model.get_layer(name=None, index=None)	指定した Layer クラスを取得
model.get_weights( )	全 layer の重みのリストを取得
model.set_weights(weight)	「get_weights( )」で取得した各 layer の重みを設定
model.get_config( )	モデルのコンフィグを辞書形式で取得
model.from_config(config, custom_objects=None)	「get_config( )」で取得したコンフィグからモデルを生成
model.to_json( )	モデルの構造を「json 形式」の文字列で取得
model.to_yaml( )	モデルの構造を「YAML 形式」の文字列で取得
model.save(filepath, overwrite=True, include_optimizer=True)	モデルの構造と重みと学習に関する設定や状態をすべて「HDF5 形式」でセーブ
model.save_weights(filepath, overwrite=True)	モデルの重みを「HDF5 形式」でセーブ
model.load_weights(filepath, by_name=False)	「save_weights( )」で保存した重みをモデルにロード
keras.models.load_model(filepath,custom_objects=None,compile=True)	「save( )」で保存されたモデルの状態をロード

keras.models.model_from_json(json_str)	「to_json( )」で取得したモデルの構造をロード
keras.models.model_from_yaml(yaml_str)	「to_yaml( )」で取得したモデルの構造をロード

2-7-3 学習結果の「保存」「読み込み」

ここでは、その学習結果（モデル・重み）の保存と読み込みを行ないます。

・書式

モデル構造は「JSON形式」、学習ずみの重み（パラメータ）は「hdf5形式」で保存されます。

```
# モデルの保存
open('model.json',"w").write(model.to_json())

# 学習ずみの重みを保存
model.save_weights('weight.hdf5')

# モデルの読み込み
model_from_json(open('model.json',"w").read(model.to_json()))

# 重みの読み込み
model.load_weights('weight.hdf5')
```

・サンプルコード

```
# -*- coding: utf-8 -*-
import numpy as np
from tensorflow.keras.models import Sequential, model_from_json
from tensorflow.keras.layers import Dense
from tensorflow.keras.optimizers import RMSprop
import os
```

```
def main():

    # データの保存先(自分の環境に応じて適宜変更)
    SAVE_DATA_DIR_PATH = "C:/github/sample/python/keras/01_test/
ex5_data/"

    # ディレクトリがなければ作成
    os.makedirs(SAVE_DATA_DIR_PATH, exist_ok=True)

    # 説明変数（訓練用データ、入力データ）の用意
    x_train = np.array([[0.0, 0.0],
                        [1.0, 0.0],
                        [0.0, 1.0],
                        [1.0, 1.0]])
    # 目的変数（正解データ）
    y_train = np.array([[0.0, 0.0],
                        [1.0, 0.0],
                        [1.0, 0.0],
                        [0.0, 0.0]])

    # モデル構築
    model = Sequential()

    # 中間層(入力数:input_dim = 2, ユニット数:units = 3)
    # Denseは全結合層のレイヤモジュール
    model.add(Dense(activation='sigmoid', input_dim=2, units=3))

    # 出力層(入力数:input_dim = 3だが、中間層のユニット数と同じなので省
略可能, ユニット数:units = 2)
```

```
    model.add(Dense(units=2, activation='sigmoid'))

    # 単純パーセプトロンをコンパイル（勾配法：RMSprop、損失関数：mean_
squared_error、評価関数：accuracy）
    model.compile(loss='mean_squared_error', optimizer=RMSprop(),
 metrics=['accuracy'])

    # 学習（教師データでフィッティング、バッチサイズ：4，エポック数：1000）
    history = model.fit(x_train, y_train, batch_size=4, epoc
hs=3000)

    # 検証用データの用意
    x_test = x_train
    y_test = y_train

    # モデル構造の保存
    open(SAVE_DATA_DIR_PATH  + "model.json","w").write(model.
to_json())

    # 学習済みの重みを保存
    model.save_weights(SAVE_DATA_DIR_PATH + "weight.hdf5")

    # 保存したモデル構造の読み込み
    model2 = model_from_json(open(SAVE_DATA_DIR_PATH + "model.
json", 'r').read())

    # 保存した学習済みの重みを読み込み
    model2.load_weights(SAVE_DATA_DIR_PATH + "weight.hdf5")

    # 検証用データの用意
```

```
    x_test = x_train
    y_test = y_train

   # 検証用データをモデルに入力し、出力（予測値）を取り出す
    predict_y = model2.predict(x_test)
    print("y_test:", y_test)  # 正解データ
    print("predict_y:", predict_y)  # 予測データ

    # 出力値をしきい値処理
    threshold = 0.5
    print("thresholded predict_y:", (predict_y > threshold).
astype(np.int))

if __name__ == '__main__':
    main()

    """
    y_test: [[0. 0.]
    [1. 0.]
    [1. 0.]
    [0. 0.]]
    predict_y: [[1.2694235e-01 6.2597491e-04]
    [7.9402047e-01 6.8762962e-04]
    [5.1793259e-01 2.0202693e-04]
    [5.7249522e-01 2.1858796e-04]]
    thresholded predict_y: [[0 0]
    [1 0]
    [1 0]
    [1 0]]
    """
```

2-7-4 学習過程の可視化

「Keras」の学習過程（損失関数、評価関数の推移）をグラフ化してみます。

「train」「validation」「test dataset」の違いは、以下のとおりです。

項　目	概　要
train dataset	分類器のパラメータを更新するための学習用データ（「ニューラル・ネットワーク」だと重みを更新）
validation dataset	「ハイパーパラメータ」（人が調整するパラメータ）の良し悪しを確かめるための検証用データ。学習は行なわない。 （「ニューラル・ネットワーク」だと各層のニューロン数、隠れ層の数、バッチサイズ、学習係数など。「ニューラル・ネットワーク」の重みは自動更新されるのでハイパーパラメータには含まれない）
test dataset	学習後に汎化性能を確かめるために、最後に（理想的には一度だけ）テストするためのデータなので検証用データ（validation dataset）とは分ける。学習は行なわない。

「検証用データセット」（validation）は、人の手によって設定されるパラメータ（ハイパーパラメータ）を調整するための、分類器のパフォーマンス測定に使います。

一方、「テスト用データセット」（test）は、学習後の分類器のパフォーマンスを確かめるためだけに使います（テスト後には、それ以上分類器のハイパーパラメータを調整してはいけません）。

もし、「検証用データセット」（validation）を使ってテストを行なえば（学習後の分類器のパフォーマンスを確かめると）、学習には未使用のテスト用データセット（test）を使うよりも良い結果が得られてしまいます。

つまり、実際よりもエラー率が低くなってしまい、最終的なパフォーマンス計測には不適なので、未使用のデータセットとしてのテストセットを用意しておく必要があります。

・サンプルコード

```
# -*- coding: utf-8 -*-
import numpy as np
from tensorflow.keras.models import Sequential, model_from_json
from tensorflow.keras.layers import Dense, Dropout
from tensorflow.keras.optimizers import RMSprop
from tensorflow.keras.datasets import mnist
from tensorflow.keras.utils import to_categorical
import matplotlib.pyplot as plt
import os
import pickle

def plot_history(history,
                save_graph_img_path,
                fig_size_width,
                fig_size_height,
                lim_font_size):
    acc = history.history['accuracy']
    val_acc = history.history['val_accuracy']
    loss = history.history['loss']
    val_loss = history.history['val_loss']

    epochs = range(len(acc))

    # グラフ表示
    plt.figure(figsize=(fig_size_width, fig_size_height))
    plt.rcParams['font.family'] = 'Times New Roman'
    plt.rcParams['font.size'] = lim_font_size  # 全体のフォント
    #plt.subplot(121)
```

```
    # plot accuracy values
    plt.plot(epochs, acc, color = "blue", linestyle = "solid",
label = 'train acc')
    plt.plot(epochs, val_acc, color = "green", linestyle =
"solid", label= 'valid acc')
    #plt.title('Training and Validation acc')
    #plt.grid()
    #plt.legend()

    # plot loss values
    #plt.subplot(122)
    plt.plot(epochs, loss, color = "red", linestyle = "solid"
,label = 'train loss')
    plt.plot(epochs, val_loss, color = "orange", linestyle =
 "solid" , label= 'valid loss')
    #plt.title('Training and Validation loss')
    plt.legend()
    plt.grid()

    plt.savefig(save_graph_img_path)
    plt.close() # バッファ解放

def main():
    # ハイパーパラメータ
    batch_size = 128 # バッチサイズ
    num_classes = 10 # 分類クラス数(今回は0～9の手書き文字なので10)
    epochs = 20        # エポック数(学習の繰り返し回数)
    dropout_rate = 0.2 # 過学習防止用：入力の20%を0にする（破棄）
```

```
    num_middle_unit = 512 # 中間層のユニット数

    # 入力画像のパラメータ
    img_width = 28 # 入力画像の幅
    img_height = 28 # 入力画像の高さ

    # データの保存先(自分の環境に応じて適宜変更)
    SAVE_DATA_DIR_PATH = "C:/github/sample/python/keras/02_mni
st/ex2_data/"

    # グラフ画像のサイズ
    FIG_SIZE_WIDTH = 12
    FIG_SIZE_HEIGHT = 10
    FIG_FONT_SIZE = 25

    # ディレクトリがなければ作成
    os.makedirs(SAVE_DATA_DIR_PATH, exist_ok=True)

    # 入力データ数（今回は28*28=784個）
    num_input = int(img_width * img_height)

    # データセット（訓練用データとテスト用データ）をネットから取得
    (x_train, y_train), (x_test, y_test) = mnist.load_data()

    # 2次元配列から1次元配列へ変換（今回は28*28=784個の要素数）
    x_train = x_train.reshape(60000, num_input)
    x_test = x_test.reshape(10000, num_input)

    # データ型をfloat32に変換
```

```
    x_train = x_train.astype('float32')
    x_test = x_test.astype('float32')

    # 正規化(0-255から0.0-1.0に変換)
    x_train /= 255
    x_test /= 255

        #  カテゴリー変数を学習しやすいよう， 0と1で表現する処理(one-hot
encodings)
    y_train = to_categorical(y_train, num_classes)
    y_test = to_categorical(y_test, num_classes)

    # データセットの個数を表示
    print(x_train.shape[0], 'train samples')
    print(x_test.shape[0], 'test samples')

    # モデルの構築
    model = Sequential()

    # 4層のMLP(多層パーセプトロン)のモデルを設定
    # 1層目の入力層:28×28=784個のユニット数
    # 2層目の中間層:ユニット数512、活性化関数はrelu関数
    model.add(Dense(activation='relu', input_dim=num_input, un
its=num_middle_unit))

    # ドロップアウト(過学習防止用, dropout_rate=0.2なら20%のユニット
を無効化)
    model.add(Dropout(dropout_rate)) # 過学習防止用
```

```
    # 3層目の中間層:ユニット数512、活性化関数はrelu関数
    model.add(Dense(units=num_middle_unit, activation='relu'))

    # ドロップアウト(過学習防止用，dropout_rate=0.2なら20%のユニット
を無効化)
    model.add(Dropout(dropout_rate))

    # 4層目の出力層:10分類（0から9まで）なので、ユニット数10，分類問題な
ので活性化関数はsoftmax関数
    model.add(Dense(num_classes, activation='softmax')) # 活性
化関数：softmax
    model.summary()

    # コンパイル（多クラス分類問題）
    model.compile(loss='categorical_crossentropy', optimizer=R
MSprop(), metrics=['accuracy'])

      #  構築したモデルで学習（学習データ:trainのうち、10%を検証デー
タ:validationとして使用）
    history = model.fit(x_train,
                        y_train,
                        batch_size=batch_size,
                        epochs=epochs,
                        verbose=1,
                        validation_split=0.1)

    # テスト用データセットで学習済分類器に入力し、パフォーマンスを計測
    score = model.evaluate(x_test,
                           y_test,
```

```
                    verbose=0
                    )

    # パフォーマンス計測の結果を表示
    # 損失値（値が小さいほど良い）
    print('Test loss:', score[0])

    # 正答率（値が大きいほど良い）
    print('Test accuracy:', score[1])

    # 学習過程をプロット
    plot_history(history,
                save_graph_img_path = SAVE_DATA_DIR_PATH + "graph.
png",
                fig_size_width = FIG_SIZE_WIDTH,
                fig_size_height = FIG_SIZE_HEIGHT,
                lim_font_size = FIG_FONT_SIZE)

    # 学習履歴を保存
    with open(SAVE_DATA_DIR_PATH + "history.json", 'wb') as f:
        pickle.dump(history.history, f)

if __name__ == '__main__':
    main()
```

「model.fit」のパラメータに「validation_split」や「validation_data」という検証用データの設定を与えておくと、「model.fit」の返り値の「history」オブジェクトに「epoch」ごとの訓練データでの評価に加えて検証用データ（validation）での評価も結果を記録してくれます。

＊

その結果をグラフ出力したものが以下になります。

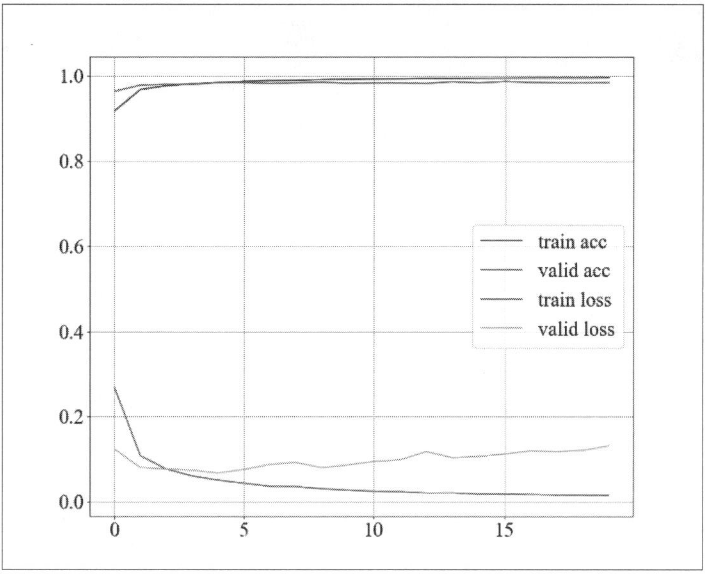

・accuracy

「accuracy」（正答率）を見ると、「学習用データ」の結果（accuracy train）、「検証用データ」の結果（accuracy valid）ともに精度が右肩上がりです。

また、「acc ＜ val_acc」となっていないので、学習は充分であるともみれます。

・loss

「loss」（損失値・誤差）は、「検証データ」（loss valid）が5エポック目以降から上がっていき、精度が下がっているのが分かります。

「学習用データ」（loss train）のほうは右肩下がりなので「過学習」が発生している可能性があります。

–	loss(training) 小さい	loss(training) 大きい
loss(valid) 小さい	良い学習	コードエラー
loss(valid) 大きい	過学習	未学習

2-7-5 手描き数字の分類

「Python」の深層学習モジュール「Keras」とCNN（「畳み込みニューラル・ネットワーク」）で手書き文字画像の分類を行ないます。

・「CNN」とは

「畳み込みニューラル・ネットワーク」(CNN:Convolutional Neural Network)とは、ディープラーニングの手法の１つで、主に画像認識に利用されています。

「ニューラル・ネットワーク」の重み計算に「畳み込み演算」(Convolution)」が用いられていることから、「CNN」と呼ばれています。

・「mnist」とは

「mnist」のデータセットは、「6万枚の手書き数字の学習用画像」と「1万枚のテスト画像」が格納されています。

これらの画像はすべて「28 × 28[px]」のグレースケール画像となっています。

「mnist」のデータセットは、「機械学習」の性能評価によく用いられます。

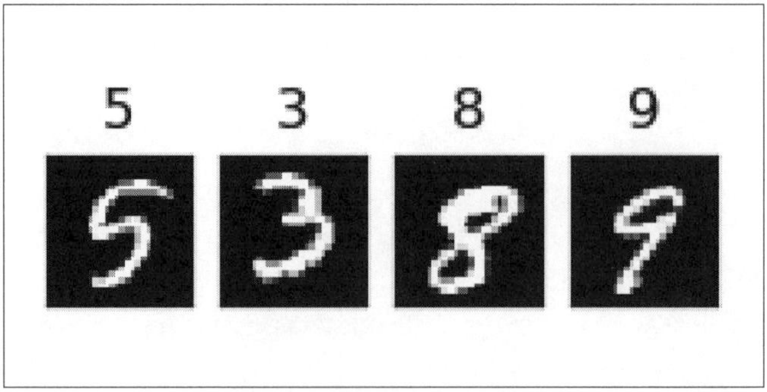

「MNIST」の手書き数字画像

入力データ	1つの数字が書かれた画像データ。 「MNIST」の画像1つは 28 × 28(= 784)px の大きさ。 1px に「白:255」～「黒:0」までの色情報が記録されている。 1つの画像のすべてのピクセルの情報を入力するので、入力数は 784 個となる。

出力データ	入力された画像データが「0 ～ 9」のどの数字画像なのか、その確率を「0 ～ 9」ごとに出力。そのため出力数は「10」で、最も確率の高いものが、予測結果の数字となる。 [例]「0.7, 0, 0, 0, 0, 0, 0.2, 0, 0, 0.1」 (0 の確率 70%, 6 の確率 20%, 9 の確率 10%, 他 0%)
One-Hot エンコーディング	「One-Hot」とは、「1 つだけ 1 でそれ以外は 0 のベクトル(行列)」のこと。 「One-Hot エンコーディング」は、カテゴリー変数を「One-Hot」のベクトル(行列)に変換すること。

・【サンプルコード 1】データセットを使って分類器を作成

```
# -*- coding: utf-8 -*-
import numpy as np
from tensorflow.keras.models import Sequential, model_from_json
from tensorflow.keras.layers import Dense, Dropout, Flatten,
Conv2D, MaxPooling2D
from tensorflow.keras.optimizers import RMSprop
from tensorflow.keras.datasets import mnist
from tensorflow.keras.utils import to_categorical
import matplotlib.pyplot as plt
import os
import pickle

def plot_history(history,
             save_graph_img_path,
             fig_size_width,
             fig_size_height,
             lim_font_size):
    acc = history.history['accuracy']
    val_acc = history.history['val_accuracy']
    loss = history.history['loss']
    val_loss = history.history['val_loss']
```

```
    epochs = range(len(acc))

    # グラフ表示
    plt.figure(figsize=(fig_size_width, fig_size_height))
    plt.rcParams['font.family'] = 'Times New Roman'
    plt.rcParams['font.size'] = lim_font_size  # 全体のフォント
    #plt.subplot(121)

    # plot accuracy values
    plt.plot(epochs, acc, color = "blue", linestyle = "solid",
label = 'train acc')
    plt.plot(epochs, val_acc, color = "green", linestyle =
"solid", label= 'valid acc')
    #plt.title('Training and Validation acc')
    #plt.grid()
    #plt.legend()

    # plot loss values
    #plt.subplot(122)
    plt.plot(epochs, loss, color = "red", linestyle = "solid"
 ,label = 'train loss')
    plt.plot(epochs, val_loss, color = "orange", linestyle =
"solid" , label= 'valid loss')
    #plt.title('Training and Validation loss')
    plt.legend()
    plt.grid()

    plt.savefig(save_graph_img_path)
    plt.close() # バッファ解放


def main():
    # ハイパーパラメータ
    batch_size = 128 # バッチサイズ
    num_classes = 10 # 分類クラス数(今回は0～9の手書き文字なので10)
    epochs = 5       # エポック数(学習の繰り返し回数)
```

```
    dropout_rate = 0.2 # 過学習防止用：入力の20%を0にする（破棄）

    # 入力画像のパラメータ
    img_width = 28 # 入力画像の幅
    img_height = 28 # 入力画像の高さ
    img_ch = 1 # 1ch画像（グレースケール）で学習

    # データの保存先(自分の環境に応じて適宜変更)
    SAVE_DATA_DIR_PATH = "C:/github/sample/python/keras/02_mni
st/ex3_data/"

    # グラフ画像のサイズ
    FIG_SIZE_WIDTH = 12
    FIG_SIZE_HEIGHT = 10
    FIG_FONT_SIZE = 25

    # ディレクトリがなければ作成
    os.makedirs(SAVE_DATA_DIR_PATH, exist_ok=True)

    # 入力データ数（今回は28*28=784個）
    num_input = int(img_width * img_height)

    # データセット（訓練用データとテスト用データ）をネットから取得
    (x_train, y_train), (x_test, y_test) = mnist.load_data()

    # 各画像のデータを28x28x1へリサイズ
    x_train = x_train.reshape(x_train.shape[0], img_height,
img_width, img_ch)
     x_test = x_test.reshape(x_test.shape[0], img_height, img_
width, img_ch)

    # データ型をfloat32に変換
    x_train = x_train.astype('float32')
    x_test = x_test.astype('float32')
```

```
    # 正規化(0-255から0.0-1.0に変換)
    x_train /= 255
    x_test /= 255

       #  カテゴリー変数を学習しやすいよう, 0と1で表現する処理(one-hot
encodings)
    y_train = to_categorical(y_train, num_classes)
    y_test = to_categorical(y_test, num_classes)

    # データセットの個数を表示
    print(x_train.shape[0], 'train samples')
    print(x_test.shape[0], 'test samples')

    # モデルの構築
    model = Sequential()

    # CNN（畳み込みニューラルネットワーク）のモデルを設定
    # 入力層:28×28*1
    # 【2次元畳み込み層】
    # Conv2D：2次元畳み込み層で、画像から特徴を抽出（活性化関数：relu)
   # 入力データにカーネルをかける（「3×3」の32種類のフィルタを各マスにか
ける)
    # 出力ユニット数：32（32枚分の出力データが得られる)
   model.add(Conv2D(32, kernel_size=(3, 3), activation='relu',
input_shape=(img_width, img_height, 1)))


    # 【2次元畳み込み層】
    # 画像から特徴を抽出（活性化関数：relu)
    # relu(ランプ関数)は、フィルタ後の入力データが0以下の時は出力0（入力
が0より大きい場合はそのまま出力)
    # 入力データにカーネルをかける（「3×3」の64種類のフィルタを使う)
    # 出力ユニット数：64（64枚分の出力データが得られる)
    # 問題が複雑ならフィルタの種類を増やす
    model.add(Conv2D(64, (3, 3), activation='relu'))
```

```
    # 【プーリング層】
    # 特徴量を圧縮する層。(ロバスト性向上、過学習防止、計算コスト抑制のため)
    # 畳み込み層で抽出された特徴の位置感度を若干低下させ、対象とする特徴量の画像内での位置が若干変化した場合でもプーリング層の出力が普遍になるようにする。
     # 画像の空間サイズの大きさを小さくし、調整するパラメーターの数を減らし、過学習を防止
    # pool_size=(2, 2):「2×2」の大きさの最大プーリング層。
    # 入力画像内の「2×2」の領域で最大の数値を出力。
    model.add(MaxPooling2D(pool_size=(2, 2)))

     # ドロップアウト(過学習防止用, dropout_rate=0.2なら20%のユニットを無効化)
    model.add(Dropout(dropout_rate))

    # 平坦化(次元削減)
    # 1次元ベクトルに変換
    model.add(Flatten())

    # 全結合層
    # 出力ユニット数:128
    model.add(Dense(128, activation='relu'))

    # ドロップアウト(過学習防止用, dropout_rate=0.2なら20%のユニットを無効化)
    model.add(Dropout(dropout_rate))

    # 全結合層
    # 10分類(0から9まで)なので、ユニット数10, 分類問題なので活性化関数はsoftmax関数
    # Softmax関数で総和が1となるように、各出力の予測確率を計算
    # 例「0.7, 0, 0, 0, 0, 0, 0.2, 0, 0, 0.1」(0の確率70%, 6の確率20%, 9の確率10%, 他0%)
```

```
    model.add(Dense(num_classes, activation='softmax')) # 活性
化関数：softmax

    # モデル構造の表示
    model.summary()

    # コンパイル（多クラス分類問題）
    model.compile(loss='categorical_crossentropy', optimizer=R
MSprop(), metrics=['accuracy'])

        #  構築したモデルで学習（学習データ:trainのうち、10%を検証デー
タ:validationとして使用）
    history = model.fit(x_train,
                        y_train,
                        batch_size=batch_size,
                        epochs=epochs,
                        verbose=1,
                        validation_split=0.1)

    # テスト用データセットで学習済分類器に入力し、パフォーマンスを計測
    score = model.evaluate(x_test,
                           y_test,
                           verbose=0
                           )

    # パフォーマンス計測の結果を表示
    # 損失値（値が小さいほど良い）
    print('Test loss:', score[0])

    # 正答率（値が大きいほど良い）
    print('Test accuracy:', score[1])

    """
    Test loss: 0.04433278796807406
    Test accuracy: 0.9916999936103821
    """
```

```
    # 学習過程をプロット
    plot_history(history,
             save_graph_img_path = SAVE_DATA_DIR_PATH + "gra
ph.png",
             fig_size_width = FIG_SIZE_WIDTH,
             fig_size_height = FIG_SIZE_HEIGHT,
             lim_font_size = FIG_FONT_SIZE)

    # モデル構造の保存
    open(SAVE_DATA_DIR_PATH  + "model.json","w").write(model.to_
json())

    # 学習済みの重みを保存
    model.save_weights(SAVE_DATA_DIR_PATH + "weight.hdf5")

    # 学習履歴を保存
    with open(SAVE_DATA_DIR_PATH + "history.json", 'wb') as f:
        pickle.dump(history.history, f)


if __name__ == '__main__':
    main()
```

・**【サンプルコード 2】作成した「分類器」で「手書き画像」の分類**

作成した「分類器」をロードし、以下の「2」と描かれた画像を入力して、数字を当てられるか試してみます。

画像のロードや変換などは「OpenCV」を使います。

```
# -*- coding: utf-8 -*-
import numpy as np
from tensorflow.keras.models import Sequential, model_from_json
from tensorflow.keras.layers import Dense, Dropout
from tensorflow.keras.optimizers import RMSprop
from tensorflow.keras.datasets import mnist
from tensorflow.keras.utils import np_utils, to_categorical
import matplotlib.pyplot as plt
import cv2
import os

def main():
    # 入力画像のパラメータ
    img_width = 28 # 入力画像の幅
    img_height = 28 # 入力画像の高さ
    img_ch = 1 # 1ch画像（グレースケール）で学習

    # 入力データ数
    num_data = 1

    # データの保存先(自分の環境に応じて適宜変更)
    SAVE_DATA_DIR_PATH = "C:/github/sample/python/keras/02_
mnist/ex3_data/"

    # 保存したモデル構造の読み込み
    model = model_from_json(open(SAVE_DATA_DIR_PATH + "model.
json", 'r').read())

    # 保存した学習済みの重みを読み込み
    model.load_weights(SAVE_DATA_DIR_PATH + "weight.hdf5")

    # カメラ画像の整形
    img = cv2.imread(SAVE_DATA_DIR_PATH + "test.png")

    # グレースケールに変換
    # 2値化，白黒反転，ガウシアンフィルタで平滑化、リサイズ
```

```
    gray = cv2.cvtColor(img, cv2.COLOR_BGR2GRAY)
    _, th = cv2.threshold(gray, 0, 255, cv2.THRESH_OTSU) #
    th = cv2.bitwise_not(th) #
    th = cv2.GaussianBlur(th, (9,9), 0) #
    th = cv2.resize(th,(img_width, img_height), cv2.INTER_CUB
IC) # 訓練データと同じサイズに整形

    # float32に変換して正規化
    th = th.astype('float32')
    th = np.array(th)/255

    # モデルの入力次元数に合わせてリサイズ
    th = th.reshape(num_data, img_height, img_width, img_ch)

    # 分類機に入力データを与えて予測(出力:各クラスの予想確率)
    predict_y = model.predict(th)

    # 最も確率の高い要素番号(=予想する数字)
    predict_number = np.argmax(predict_y)

    # 予測結果の表示
    print("predict_y:", predict_y)  # 出力値
    print("predict_number:", predict_number)  # 予測した数字

    # 分類機に入力データを与えて予測(出力:クラスラベル)
    predict_classes_y = model.predict_classes(th)
    print("predict_classes_y:", predict_classes_y)  # 予測した
数字

    """
    predict_y: [[2.0631208e-16 8.2029376e-11 1.0000000e+00 8.4496
722e-13 4.3476162e-22
    4.4720264e-21 3.8950523e-22 5.1041643e-18 1.4993143e-12 1.650
9382e-13]]
    predict_number: 2
    predict_classes_y: [2]
```

```
    """

if __name__ == '__main__':
    main()
```

無事に「2」と正解できました。

2-6-6 CIFAR-10 データセット

● CIFAR-10

「CIFAR-10」とは、「画像分類用のデータセット」で、詳細は以下表の通りです。

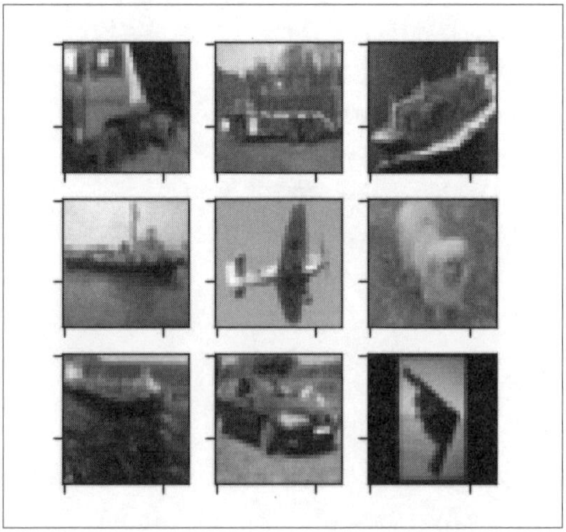

-	説　明
画像サイズ	32 × 32[px]
形式	カラー画像 (24bit カラー)
クラスラベル	airplane(飛行機), automobile(自動車), bird(鳥), cat(猫), deer(鹿), dog（犬）, frog（蛙）, horse（馬）, ship（船）, truck（トラック）の10種類
データ量	訓練用データ5万枚、テスト用データ1万枚

ここでは、「Python3 + Keras」で「CNN」(「畳み込みニューラル・ネットワーク」)を構築し、データセット「CIFAR-10」を学習させてみました。

・【サンプルコード 1】データセットを使って「分類器」を作成

```
# -*- coding: utf-8 -*-
import numpy as np
from tensorflow.keras.models import Sequential, model_from_json
from tensorflow.keras.layers import Dense, Dropout, Flatten,
Conv2D, MaxPooling2D
from tensorflow.keras.optimizers import RMSprop
from tensorflow.keras.datasets import cifar10
from tensorflow.keras.utils import to_categorical
import matplotlib.pyplot as plt
import os
import pickle

def plot_history(history,
             save_graph_img_path,
             fig_size_width,
             fig_size_height,
             lim_font_size):

    acc = history.history['accuracy']
    val_acc = history.history['val_accuracy']
    loss = history.history['loss']
    val_loss = history.history['val_loss']

    epochs = range(len(acc))

    # グラフ表示
    plt.figure(figsize=(fig_size_width, fig_size_height))
    plt.rcParams['font.family'] = 'Times New Roman'
    plt.rcParams['font.size'] = lim_font_size  # 全体のフォント
    #plt.subplot(121)
```

```
    # plot accuracy values
    plt.plot(epochs, acc, color = "blue", linestyle = "solid", 
label = 'train acc')
     plt.plot(epochs, val_acc, color = "green", linestyle = 
"solid", label= 'valid acc')
    #plt.title('Training and Validation acc')
    #plt.grid()
    #plt.legend()

    # plot loss values
    #plt.subplot(122)
    plt.plot(epochs, loss, color = "red", linestyle = "solid"
,label = 'train loss')
    plt.plot(epochs, val_loss, color = "orange", linestyle = 
"solid" , label= 'valid loss')
    #plt.title('Training and Validation loss')
    plt.legend()
    plt.grid()

    plt.savefig(save_graph_img_path)
    plt.close() # バッファ解放

def main():
    # ハイパーパラメータ
    batch_size = 128 # バッチサイズ
    num_classes = 10 # 分類クラス数(今回は10種類)
    epochs = 20        # エポック数(学習の繰り返し回数)
    dropout_rate = 0.2 # 過学習防止用：入力の20%を0にする（破棄）

    # 入力画像のパラメータ
    img_width = 32 # 入力画像の幅
    img_height = 32 # 入力画像の高さ
    img_ch = 3 # 3ch画像（RGB）で学習

    # データの保存先(自分の環境に応じて適宜変更)
```

```
    SAVE_DATA_DIR_PATH = "C:/github/sample/python/keras/03_cif
ar10/ex1_data/"

    # グラフ画像のサイズ
    FIG_SIZE_WIDTH = 12
    FIG_SIZE_HEIGHT = 10
    FIG_FONT_SIZE = 25

    # ディレクトリがなければ作成
    os.makedirs(SAVE_DATA_DIR_PATH, exist_ok=True)

    # 入力データ数（今回は32*32個）
    num_input = int(img_width * img_height)

    # データセット（訓練用データとテスト用データ）をネットから取得
    (x_train, y_train), (x_test, y_test) = cifar10.load_data()

    # 各画像のデータを32x32x3へリサイズ
    x_train = x_train.reshape(x_train.shape[0], img_height,
 img_width, img_ch)
    x_test = x_test.reshape(x_test.shape[0], img_height, img_
width, img_ch)

    # データ型をfloat32に変換
    x_train = x_train.astype('float32')
    x_test = x_test.astype('float32')

    # 正規化(0-255から0.0-1.0に変換)
    x_train /= 255
    x_test /= 255

      # カテゴリー変数を学習しやすいよう, 0と1で表現する処理(one-hot
encodings)
    y_train = to_categorical(y_train, num_classes)
    y_test = to_categorical(y_test, num_classes)
```

```
    # データセットの個数を表示
    print(x_train.shape[0], 'train samples')
    print(x_test.shape[0], 'test samples')

    # CNN（畳み込みニューラルネットワーク）のモデルを設定
    model = Sequential()

    # 入力層:32×32*3
    # 【2次元畳み込み層】
    # Conv2D：2次元畳み込み層で、画像から特徴を抽出（活性化関数：relu）
    # 入力データにカーネルをかける（「3×3」の32種類のフィルタを各マスに
かける）
    # 出力ユニット数：32（32枚分の出力データが得られる）
    model.add(Conv2D(32,(3,3),
             padding='same',
             input_shape=(img_width, img_height, img_ch),
             activation='relu'))

    # 【2次元畳み込み層】
    # 画像から特徴を抽出（活性化関数：relu）
    # relu(ランプ関数)は、フィルタ後の入力データが0以下の時は出力0（入力
が0より大きい場合はそのまま出力）
    # 入力データにカーネルをかける（「3×3」の32種類のフィルタを使う）
    # 出力ユニット数：32（32枚分の出力データが得られる）
    # 問題が複雑ならフィルタの種類を増やす
    # padding="same"は:の入力と同じ長さを出力がもつように入力にパディ
ング
    model.add(Conv2D(32,(3,3),
             padding='same',
             activation='relu'))

    # 【プーリング層】
    # 特徴量を圧縮する層。（ロバスト性向上、過学習防止、計算コスト抑制の
ため）
```

```
    # 畳み込み層で抽出された特徴の位置感度を若干低下させ、対象とする特徴量の画像内での位置が若干変化した場合でもプーリング層の出力が普遍になるようにする。
    # 画像の空間サイズの大きさを小さくし、調整するパラメーターの数を減らし、過学習を防止
    # pool_size=(2, 2):「2×2」の大きさの最大プーリング層。
    # 入力画像内の「2×2」の領域で最大の数値を出力。
    model.add(MaxPooling2D(pool_size=(2, 2)))

    # ドロップアウト(過学習防止用, dropout_rate=0.2なら20%のユニットを無効化)
    model.add(Dropout(dropout_rate))

    # 【2次元畳み込み層】
    # 画像から特徴を抽出（活性化関数：relu)
    # relu(ランプ関数)は、フィルタ後の入力データが0以下の時は出力0（入力が0より大きい場合はそのまま出力)
    # 入力データにカーネルをかける（「3×3」の64種類のフィルタを使う)
    # 出力ユニット数：64（64枚分の出力データが得られる)
    # 問題が複雑ならフィルタの種類を増やす
    model.add(Conv2D(64,(3,3),
              padding='same',
              activation='relu'))

    # 【2次元畳み込み層】
    # 画像から特徴を抽出（活性化関数：relu)
    # relu(ランプ関数)は、フィルタ後の入力データが0以下の時は出力0（入力が0より大きい場合はそのまま出力)
    # 入力データにカーネルをかける（「3×3」の64種類のフィルタを使う)
    # 出力ユニット数：64（64枚分の出力データが得られる)
    # 問題が複雑ならフィルタの種類を増やす
    model.add(Conv2D(64,(3,3),
              padding='same',
              activation='relu'))
```

```
    # 【プーリング層】
    # 特徴量を圧縮する層。（ロバスト性向上、過学習防止、計算コスト抑制のため）
    # 畳み込み層で抽出された特徴の位置感度を若干低下させ、対象とする特徴量の画像内での位置が若干変化した場合でもプーリング層の出力が普遍になるようにする。
    # 画像の空間サイズの大きさを小さくし、調整するパラメーターの数を減らし、過学習を防止
    # pool_size=(2, 2):「2×2」の大きさの最大プーリング層。
    # 入力画像内の「2×2」の領域で最大の数値を出力。
    model.add(MaxPooling2D(pool_size=(2, 2)))

    # ドロップアウト(過学習防止用，dropout_rate=0.2なら20%のユニットを無効化)
    model.add(Dropout(dropout_rate))

    # 平坦化（次元削減）
    # 1次元ベクトルに変換
    model.add(Flatten())

    # 全結合層
    # 出力ユニット数：512
    model.add(Dense(512, activation='relu'))

    # ドロップアウト(過学習防止用，dropout_rate=0.2なら20%のユニットを無効化)
    model.add(Dropout(dropout_rate))

    # 全結合層
    # 10分類（0から9まで）なので、ユニット数10，分類問題なので活性化関数はsoftmax関数
    # Softmax関数で総和が1となるように、各出力の予測確率を計算
    # 例「0.7, 0, 0, 0, 0, 0, 0.2, 0, 0, 0.1」（クラス0の確率70%，6の確率20%，9の確率10%，他0%）
    model.add(Dense(num_classes, activation='softmax')) # 活性
```

```
化関数：softmax

    # モデル構造の表示
    model.summary()

    # コンパイル（多クラス分類問題）
    # 最適化：RMSpropを使用
    model.compile(loss='categorical_crossentropy', optimizer=R
MSprop(), metrics=['accuracy'])

        #  構築したモデルで学習（学習データ:trainのうち、10%を検証デー
タ:validationとして使用）
    # verbose=1:標準出力にログを表示
    history = model.fit(x_train,
                        y_train,
                        batch_size=batch_size,
                        epochs=epochs,
                        verbose=1,
                        validation_split=0.1)

    # テスト用データセットで学習済分類器に入力し、パフォーマンスを計測
    score = model.evaluate(x_test,
                           y_test,
                           verbose=0
                           )

    # パフォーマンス計測の結果を表示
    # 損失値（値が小さいほど良い）
    print('Test loss:', score[0])

    # 正答率（値が大きいほど良い）
    print('Test accuracy:', score[1])

    """
    Test loss: 0.9460215708255768
```

```
    Test accuracy: 0.7775999903678894
    """

    # 学習過程をプロット
    plot_history(history,
                save_graph_img_path = SAVE_DATA_DIR_PATH + "gra
ph.png",
                fig_size_width = FIG_SIZE_WIDTH,
                fig_size_height = FIG_SIZE_HEIGHT,
                lim_font_size = FIG_FONT_SIZE)

    # モデル構造の保存
    open(SAVE_DATA_DIR_PATH  + "model.json","w").write(model.
to_json())

    # 学習済みの重みを保存
    model.save_weights(SAVE_DATA_DIR_PATH + "weight.hdf5")

    # 学習履歴を保存
    with open(SAVE_DATA_DIR_PATH + "history.json", 'wb') as f:
        pickle.dump(history.history, f)



if __name__ == '__main__':
    main()
```

- **【サンプルコード 2】作成した分類器で手書き画像の分類**

  保存した学習データを使って、画像を分類してみます。

```
# -*- coding: utf-8 -*-
import numpy as np
from tensorflow.keras.models import Sequential, model_from_json
from tensorflow.keras.layers import Dense, Dropout
from tensorflow.keras.optimizers import RMSprop
```

```
from tensorflow.keras.datasets import mnist
from tensorflow.keras.utils import to_categorical
from tensorflow.keras.preprocessing.image import load_img, img_
to_array
import matplotlib.pyplot as plt
import cv2
import os

def main():
    # 入力画像のパラメータ
    img_width = 32 # 入力画像の幅
    img_height = 32 # 入力画像の高さ
    img_ch = 3 # 3ch画像 (RGB) で学習

    # 入力データ数
    num_data = 1

    # データの保存先(自分の環境に応じて適宜変更)
      SAVE_DATA_DIR_PATH = "C:/github/sample/python/keras/03_
cifar10/ex1_data/"

    # ラベル
    labels =['飛行機', '自動車', '鳥', '猫', '鹿', '犬', '蛙', '
馬', '船', 'トラック']

    # 保存したモデル構造の読み込み
    model = model_from_json(open(SAVE_DATA_DIR_PATH + "model.
json", 'r').read())

    # 保存した学習済みの重みを読み込み
    model.load_weights(SAVE_DATA_DIR_PATH + "weight.hdf5")

    # 画像の読み込み (32×32にリサイズ)
```

```
    # 正規化，4次元配列に変換（モデルの入力が4次元なので合わせる）
    img = load_img(SAVE_DATA_DIR_PATH + "test.png", target_size=(img_width, img_height))
    img = img_to_array(img)
    img = img.astype('float32')/255.0
    img = np.array([img])

    # 分類機に入力データを与えて予測（出力：各クラスの予想確率）
    y_pred = model.predict(img)

    # 最も確率の高い要素番号（=予想する数字）
    number_pred = np.argmax(y_pred)

    # 予測結果の表示
    print("y_pred:", y_pred)  # 出力値
    print("number_pred:", number_pred)  # 最も確率の高い要素番号
    print('label_pred：', labels[int(number_pred)]) # 予想ラベル（最も確率の高い要素）

    """
    y_pred: [[1.05510656e-10 9.90023911e-01 7.12201237e-16 6.99716381e-17
    9.21270893e-22 1.03125948e-20 5.56179723e-13 2.53434248e-15
    1.68777863e-08 9.97608900e-03]]
    number_pred: 1
    label_pred： 自動車
    """

if __name__ == '__main__':
    main()
```

試しに、データセットにない画像（いらすとや様の痛車）を与えてみました。「車」と認識できました。

2-7-7 好きな画像を学習して分類

画像に対して「深層学習」(ディープラーニング)を行なう場合は、「CNN」(畳み込みニューラル・ネットワーク)を用いるのが一般的です。

そこで、ここでは、「Python + Keras」で「CNN」を実装し、3種類の画像を分類できる「分類器」を作ってみました。

・【サンプルコード1】データセットを使って「分類器」を作成

サンプルプログラムのソースコードです。

```
# -*- coding: utf-8 -*-
import numpy as np
from tensorflow.keras.models import Sequential, model_from_json
from tensorflow.keras.layers import Dense, Dropout, Flatten,
Conv2D, MaxPooling2D
from tensorflow.keras.optimizers import RMSprop
from tensorflow.keras.datasets import cifar10
from tensorflow.keras.preprocessing.image import array_to_img,
img_to_array, load_img
from tensorflow.keras.utils import to_categorical
from sklearn.model_selection import train_test_split
import matplotlib.pyplot as plt
import re
import os
import pickle

def list_imgs(directory, ext='jpg|jpeg|bmp|png|ppm'):
    return [os.path.join(root, f) for root, _, files in os.
walk(directory) for f in files if re.match(r'([¥w]+¥.(?:' + ext
+ '))', f.lower())]

def plot_history(history,
                 save_graph_img_path,
                 fig_size_width,
```

```
             fig_size_height,
             lim_font_size):

    acc = history.history['accuracy']
    val_acc = history.history['val_accuracy']
    loss = history.history['loss']
    val_loss = history.history['val_loss']

    epochs = range(len(acc))

    # グラフ表示
    plt.figure(figsize=(fig_size_width, fig_size_height))
    plt.rcParams['font.family'] = 'Times New Roman'
    plt.rcParams['font.size'] = lim_font_size  # 全体のフォント
    #plt.subplot(121)

    # plot accuracy values
    plt.plot(epochs, acc, color = "blue", linestyle = "solid",
label = 'train acc')
    plt.plot(epochs, val_acc, color = "green", linestyle = "sol
id", label= 'valid acc')
    #plt.title('Training and Validation acc')
    #plt.grid()
    #plt.legend()

    # plot loss values
    #plt.subplot(122)
    plt.plot(epochs, loss, color = "red", linestyle = "solid" ,lab
el = 'train loss')
    plt.plot(epochs, val_loss, color = "orange", linestyle = "sol
id" , label= 'valid loss')
    #plt.title('Training and Validation loss')
    plt.legend()
    plt.grid()
```

```
    plt.savefig(save_graph_img_path)
    plt.close() # バッファ解放

def main():
    # ハイパーパラメータ
    batch_size = 5 # バッチサイズ
    num_classes = 3 # 分類クラス数(今回は3種類)
    epochs = 200       # エポック数(学習の繰り返し回数)
    dropout_rate = 0.2 # 過学習防止用：入力の20%を0にする（破棄）

    # 入力画像のパラメータ
    img_width = 32 # 入力画像の幅
    img_height = 32 # 入力画像の高さ
    img_ch = 3 # 3ch画像（RGB）で学習

    # データの保存先(自分の環境に応じて適宜変更)
    SAVE_DATA_DIR_PATH = "C:/github/sample/python/keras/04_img/
ex1_data/"

    # ディレクトリがなければ作成
    os.makedirs(SAVE_DATA_DIR_PATH, exist_ok=True)

    # グラフ画像のサイズ
    FIG_SIZE_WIDTH = 12
    FIG_SIZE_HEIGHT = 10
    FIG_FONT_SIZE = 25

    data_x = []
    data_y = []
    num_classes = 3

    # クラス0の画像データ群をロード
    for filepath in list_imgs(SAVE_DATA_DIR_PATH + "img0"):
        img = img_to_array(load_img(filepath, target_size=(img_
width,img_height, img_ch)))
```

```
        data_x.append(img)
        data_y.append(0) # 教師データ（正解）


    # クラス1の画像データ群をロード
    for filepath in list_imgs(SAVE_DATA_DIR_PATH + "img1"):
        img = img_to_array(load_img(filepath, target_size=(img_
width,img_height, img_ch)))
        data_x.append(img)
        data_y.append(1) # 教師データ（正解）

    # クラス2の画像データ群をロード
    for filepath in list_imgs(SAVE_DATA_DIR_PATH + "img2"):
        img = img_to_array(load_img(filepath, target_size=(img_
width,img_height, img_ch)))
        data_x.append(img)
        data_y.append(2) # 教師データ（正解）

    # NumPy配列に変換
    data_x = np.asarray(data_x)

    # 学習データはNumPy配列に変換し
    data_y = np.asarray(data_y)

    # 学習用データとテストデータに分割
    x_train, x_test, y_train, y_test = train_test_split(data_x,
data_y, test_size=0.2)

    # 学習データはfloat32型に変換し、正規化(0～1)
    x_train = x_train.astype('float32')
    x_test = x_test.astype('float32')
    x_train = x_train / 255.0
    x_test = x_test / 255.0

    # 正解ラベルをone hotエンコーディング
```

```
y_train = to_categorical(y_train, num_classes)
y_test = to_categorical(y_test, num_classes)

# データセットの個数を表示
print(x_train.shape, 'x train samples')
print(x_test.shape, 'x test samples')
print(y_train.shape, 'y train samples')
print(y_test.shape, 'y test samples')

"""
(12, 32, 32, 3) x train samples
(12, 32, 32, 3) x train samples
(4,) y test samples
(4,) y test samples
"""
# モデルの構築
model = Sequential()

# 入力層:32×32*3
# 【2次元畳み込み層】
# Conv2D：2次元畳み込み層で、画像から特徴を抽出（活性化関数：relu）
# 入力データにカーネルをかける（「3×3」の32種類のフィルタを各マスに
かける）
# 出力ユニット数：32（32枚分の出力データが得られる）
model.add(Conv2D(32,(3,3),
         padding='same',
         input_shape=x_train.shape[1:],
         activation='relu'))

# 【2次元畳み込み層】
# 画像から特徴を抽出（活性化関数：relu）
# relu(ランプ関数)は、フィルタ後の入力データが0以下の時は出力0（入力
が0より大きい場合はそのまま出力）
# 入力データにカーネルをかける（「3×3」の32種類のフィルタを使う）
# 出力ユニット数：32（32枚分の出力データが得られる）
```

```
    # 問題が複雑ならフィルタの種類を増やす
    # padding="same"は:の入力と同じ長さを出力がもつように入力にパディ
ング
    model.add(Conv2D(32,(3,3),
                padding='same',
                activation='relu'))

    # 【プーリング層】
    # 特徴量を圧縮する層。(ロバスト性向上、過学習防止、計算コスト抑制の
ため)
    # 畳み込み層で抽出された特徴の位置感度を若干低下させ、対象とする特徴
量の画像内での位置が若干変化した場合でもプーリング層の出力が普遍になるよう
にする。
    # 画像の空間サイズの大きさを小さくし、調整するパラメーターの数を減ら
し、過学習を防止
    # pool_size=(2, 2):「2×2」の大きさの最大プーリング層。
    # 入力画像内の「2×2」の領域で最大の数値を出力。
    model.add(MaxPooling2D(pool_size=(2, 2)))

    # ドロップアウト(過学習防止用, dropout_rate=0.2なら20%のユニット
を無効化)
    model.add(Dropout(dropout_rate))

    # 【2次元畳み込み層】
    # 画像から特徴を抽出(活性化関数:relu)
    # relu(ランプ関数)は、フィルタ後の入力データが0以下の時は出力0(入力
が0より大きい場合はそのまま出力)
    # 入力データにカーネルをかける(「3×3」の64種類のフィルタを使う)
    # 出力ユニット数:64(64枚分の出力データが得られる)
    # 問題が複雑ならフィルタの種類を増やす
    model.add(Conv2D(64,(3,3),
              padding='same',
              activation='relu'))

    # 【2次元畳み込み層】
```

```
    # 画像から特徴を抽出(活性化関数:relu)
    # relu(ランプ関数)は、フィルタ後の入力データが0以下の時は出力0(入力が0より大きい場合はそのまま出力)
    # 入力データにカーネルをかける(「3×3」の64種類のフィルタを使う)
    # 出力ユニット数:64(64枚分の出力データが得られる)
    # 問題が複雑ならフィルタの種類を増やす
    model.add(Conv2D(64,(3,3),
              padding='same',
              activation='relu'))

    # 【プーリング層】
    # 特徴量を圧縮する層。(ロバスト性向上、過学習防止、計算コスト抑制のため)
    # 畳み込み層で抽出された特徴の位置感度を若干低下させ、対象とする特徴量の画像内での位置が若干変化した場合でもプーリング層の出力が普遍になるようにする。
    # 画像の空間サイズの大きさを小さくし、調整するパラメーターの数を減らし、過学習を防止
    # pool_size=(2, 2):「2×2」の大きさの最大プーリング層。
    # 入力画像内の「2×2」の領域で最大の数値を出力。
    model.add(MaxPooling2D(pool_size=(2, 2)))

    # ドロップアウト(過学習防止用, dropout_rate=0.2なら20%のユニットを無効化)
    model.add(Dropout(dropout_rate))

    # 平坦化(次元削減)
    # 1次元ベクトルに変換
    model.add(Flatten())

    # 全結合層
    # 出力ユニット数:512
    model.add(Dense(512, activation='relu'))

    # ドロップアウト(過学習防止用, dropout_rate=0.2なら20%のユニット
```

```
を無効化)
    model.add(Dropout(dropout_rate))

    # 全結合層
    # 10分類（0から9まで）なので、ユニット数10，分類問題なので活性化関数
はsoftmax関数
    # Softmax関数で総和が1となるように、各出力の予測確率を計算
    model.add(Dense(num_classes, activation='softmax')) # 活性
化関数：softmax

    # モデル構造の表示
    #model.summary()

    # コンパイル（多クラス分類問題）
    # 最適化：RMSpropを使用
    model.compile(loss='categorical_crossentropy', optimizer=R
MSprop(), metrics=['accuracy'])

        #  構築したモデルで学習（学習データ:trainのうち、10%を検証デー
タ:validationとして使用）
    # verbose=1:標準出力にログを表示
    history = model.fit(x_train,
                        y_train,
                        batch_size=batch_size,
                        epochs=epochs,
                        verbose=1,
                        validation_split=0.1)

    # テスト用データセットで学習済分類器に入力し、パフォーマンスを計測
    score = model.evaluate(x_test,
                           y_test,
                           verbose=0
                           )

    # パフォーマンス計測の結果を表示
    # 損失値（値が小さいほど良い）
```

```
    print('Test loss:', score[0])

    # 正答率（値が大きいほど良い）
    print('Test accuracy:', score[1])

    """
    Test loss: 0.04433278796807406
    Test accuracy: 0.9916999936103821
    """

    # 学習過程をプロット
    plot_history(history,
                 save_graph_img_path = SAVE_DATA_DIR_PATH + "gra
ph.png",
                 fig_size_width = FIG_SIZE_WIDTH,
                 fig_size_height = FIG_SIZE_HEIGHT,
                 lim_font_size = FIG_FONT_SIZE)

    # モデル構造の保存
    open(SAVE_DATA_DIR_PATH  + "model.json","w").write(model.
to_json())

    # 学習済みの重みを保存
    model.save_weights(SAVE_DATA_DIR_PATH + "weight.hdf5")

    # 学習履歴を保存
    with open(SAVE_DATA_DIR_PATH + "history.json", 'wb') as f:
        pickle.dump(history.history, f)


if __name__ == '__main__':
    main()
```

「img0」「img1」「img2」ディレクトリに3種類の画像ファイルをたくさん入れます。

たとえば、「車」「飛行機」「馬」を分類したい場合は、車の画像を「img0」、飛行機の画像を「img1」、馬の画像を「img2」にたくさん入れます。

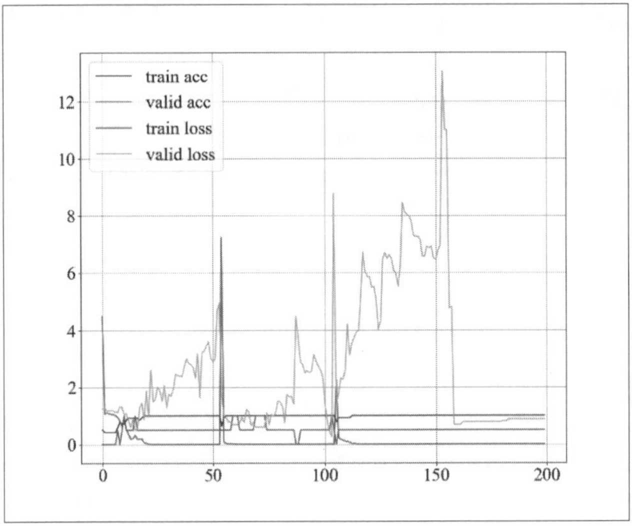

・【サンプルコード2】作成した「分類器」を使う

①で保存した学習データを使って、画像を分類してみます。

試しに、データセットにない画像を与えてみました。

```
# -*- coding: utf-8 -*-
import numpy as np
from tensorflow.keras.models import Sequential, model_from_json
from tensorflow.keras.utils import to_categorical
from tensorflow.keras.preprocessing.image import load_img, img_
to_array

def main():
    # 入力画像のパラメータ
    img_width = 32 # 入力画像の幅
    img_height = 32 # 入力画像の高さ
    img_ch = 3 # 3ch画像（RGB）

    # 入力データ数
```

```
    num_data = 1

    # データの保存先(自分の環境に応じて適宜変更)
    SAVE_DATA_DIR_PATH = "C:/github/sample/python/keras/04_img/
ex1_data/"

    # ラベル
    labels =['やかん', '土鍋', 'マグカップ']

    # 保存したモデル構造の読み込み
    model = model_from_json(open(SAVE_DATA_DIR_PATH + "model.
json", 'r').read())

    # 保存した学習済みの重みを読み込み
    model.load_weights(SAVE_DATA_DIR_PATH + "weight.hdf5")

    # 画像の読み込み (32×32にリサイズ)
    # 正規化, 4次元配列に変換 (モデルの入力が4次元なので合わせる)
     img = load_img(SAVE_DATA_DIR_PATH + "test.jpg", target_
size=(img_width, img_height))
    img = img_to_array(img)
    img = img.astype('float32')/255.0
    img = np.array([img])

    # 分類機に入力データを与えて予測 (出力:各クラスの予想確率)
    y_pred = model.predict(img)

    # 最も確率の高い要素番号
    number_pred = np.argmax(y_pred)

    # 予測結果の表示
```

```
    print("y_pred:", y_pred)  # 出力値
    print("number_pred:", number_pred)  # 最も確率の高い要素番号
    print('label_pred：', labels[int(number_pred)]) # 予想ラベル
(最も確率の高い要素)


    """
    predict_y: [[1.2638741e-20 4.6908645e-21 1.0000000e+00]]
    predict_number: 2
    predict_label： マグカップ
    """


if __name__ == '__main__':
    main()
```

2-7-8 VGG16 データセット

「VGG16」とは、1000種類の膨大な画像データセット「ImageNet」で作成された16層の「学習ずみCNNモデル」です。

2014年の「ILSVRC」(ImageNet Large Scale Visual Recognition Challenge) で登場しました。

「VGG16」の概要を整理すると以下の通り。

項　目	説　明
構成	畳み込み13層、全結合3層の計16層
出力層	1000ユニット(1000分類するため)
分類数	1000

【Keras 公式ドキュメント】

https://keras.io/ja/applications/

「Keras」では、「VGG16」の学習ずみモデルを「keras.applications.vgg16」で簡単に呼び出して利用できます。

・書式

```
from keras.applications.vgg16 import VGG16

model = VGG16(include_top=True, weights='imagenet', input_
tensor=None, input_shape=None)
```

パラメータ	説　明
include_top	「VGG16」の全結合層(FC層)を含むかどうか(元の1000分類をそのまま利用したいなら「True」、カスタマイズして別の用途に使うときは「False」)
weights	「VGG16」の重みの種類(imagenetならImageNetを使って学習した重み、Noneならランダム重み)
input_tensor	「VGG16」で「Fine-tuning」する際に利用。
input_shape	入力画像の次元数(NoneならImageNetの標準である(224, 224, 3))

・サンプルコード

```
# -*- coding: utf-8 -*-
import numpy as np
from tensorflow.keras.applications.vgg16 import VGG16, preproce
ss_input, decode_predictions
from tensorflow.keras.preprocessing import image

def main():
    # データの保存先(自分の環境に応じて適宜変更)
    SAVE_DATA_DIR_PATH = "C:/github/sample/python/keras/05_vgg
16/ex1_data/"
```

```
    # VGG16の学習済みモデルを読み込み
    model = VGG16(weights='imagenet')

    # 入力画像の読み込み（VGG16の標準サイズ(224x224)にリサイズ）
    img = image.load_img(SAVE_DATA_DIR_PATH + "test.png", targ
et_size=(224, 224))

    # NumPy配列に変換
    x = image.img_to_array(img)

    # 3次元配列→4次元配列
    x = np.expand_dims(x, axis=0)

    # 予測
    preds = model.predict(preprocess_input(x))

    # 予測結果（第1～5候補）の表示
    results = decode_predictions(preds, top=5)[0] # 出力ベクトル
を文字列に変換
    for result in results:
        print(result)

    """
    ('n04037443', 'racer', 0.7069848)
    ('n04285008', 'sports_car', 0.12393004)
    ('n02974003', 'car_wheel', 0.08807774)
    ('n03770679', 'minivan', 0.013199047)
    ('n02814533', 'beach_wagon', 0.011577174)
    """

if __name__ == '__main__':
    main()
```

2-7-9 効率的な学習 (Fine-tuning)

「CNN」(畳み込みニューラルネット)を使って「画像分類器」を作るには、「万単位の膨大な学習用データ画像」と「長い学習時間」「強力なマシンパワー」が必要となります。

しかし、「Fine-tuning」(「ファイン・チューニング」または「転移学習」)という手法を用いれば、「少量のデータセット」「短い学習時間」「貧弱なマシンパワー」で比較的精度の高い「画像分類器」を作成できます。

用語	説明
VGG16	1000種類の膨大な画像データセット「ImageNet」で作成された16層の学習ずみCNNモデル。
転移学習	既存の学習ずみモデルの最終出力層を付け替えます。 学習ずみの重みは変更せずに、新規のデータを学習させて効率的に新しいモデルを学習する方法です(出力層のパラメータは変更されます)。 1から新規で学習せずに、「VGG16」や「CIFAR-10」など、既存の学習ずみモデルを活用することで、少数のデータセットで精度の高い学習モデルを作成できます。 たとえば、(飛行機、自動車、バイク)を分類する学習ずみモデルを、(飛行機、バイク)のデータで再学習させ、その2つを分類するモデルを作ったりできます。
ファイン・チューニング	既存の学習ずみモデルの最終出力層を付け替えます。 また、学習ずみの重みのうち、一部(出力層に近い深いところにある「畳み込み層:特徴抽出器」)を再学習します。 * 「浅い層」(入力層)に近いほど、輪郭やブロブなど汎用的な特徴が抽出される傾向にあります。 一方、「深い層」ほど学習データに特化した特徴が抽出される傾向があります。 そこで、「ファイン・チューニング」では「浅い層」にある汎用的な「畳み込み層」は学習せず(frozen)、「深い層」のみを新規のデータで学習させます。

	＊ 1から新規で学習せずに、「VGG16」や「CIFAR-10」など、既存の学習ずみモデルを活用することで、少数のデータセットで精度の高い学習モデルを作成できます。 たとえば、（飛行機、自動車、バイク）を分類する学習ずみモデルを、（飛行機、トラック、船舶）のデータで再学習させ、それらを分類するモデルなど、既存の学習ずみモデルと比べてまったく異なる学習モデルを作ったりできます。

＊

サンプルプログラムのソースコードです。

「VGG16」のデータセットを使って「ファイン・チューニング」により学習を行ない、学習結果を保存します。

「ImageDataGenerator.flow_from_directory」指定ディレクトリ内の画像をディレクトリ名でラベル付けしてくれます。

ですので、各ディレクトリには「round_grasses」などのラベル名を付けた上で画像を格納しています。

・サンプルコード　データセットを使って分類器を作成

```
# -*- coding: utf-8 -*-
import numpy as np
import os
from tensorflow.keras.applications.vgg16 import VGG16
from tensorflow.keras.preprocessing.image import ImageDataGenerator
from tensorflow.keras.models import Sequential, Model
from tensorflow.keras.layers import Input, Activation, Dropout, Flatten, Dense
from tensorflow.keras import optimizers
import pickle
import matplotlib.pyplot as plt
```

```
def plot_history(history,
              save_graph_img_path,
              fig_size_width,
              fig_size_height,
              lim_font_size):

    acc = history.history['accuracy']
    val_acc = history.history['val_accuracy']
    loss = history.history['loss']
    val_loss = history.history['val_loss']

    epochs = range(len(acc))

    # グラフ表示
    plt.figure(figsize=(fig_size_width, fig_size_height))
    plt.rcParams['font.family'] = 'Times New Roman'
    plt.rcParams['font.size'] = lim_font_size  # 全体のフォント
    #plt.subplot(121)

    # plot accuracy values
    plt.plot(epochs, acc, color = "blue", linestyle = "solid",
label = 'train acc')
    plt.plot(epochs, val_acc, color = "green", linestyle = "sol
id", label= 'valid acc')
    #plt.title('Training and Validation acc')
    #plt.grid()
    #plt.legend()

    # plot loss values
    #plt.subplot(122)
    plt.plot(epochs, loss, color = "red", linestyle = "solid"
,label = 'train loss')
    plt.plot(epochs, val_loss, color = "orange", linestyle = "sol
```

```
id" , label= 'valid loss')
    #plt.title('Training and Validation loss')
    plt.legend()
    plt.grid()

    plt.savefig(save_graph_img_path)
    plt.close() # バッファ解放

def build_model(num_classes=3,
             img_width=32,
             img_height=32):
    # VGG16の読み込み（FC層は不要なので include_topはFalse)
    input_tensor = Input(shape=(img_width, img_height, 3))

    vgg16 = VGG16(include_top=False, weights='imagenet', inpu
t_tensor=input_tensor)

    # 全結合層(FC層)の作成
    model = Sequential()

    model.add(Flatten(input_shape=vgg16.output_shape[1:]))
    model.add(Dense(256, activation='relu'))
    model.add(Dropout(0.5))
    model.add(Dense(num_classes, activation='softmax'))

    # VGG16のモデルと作成した全結合層(FC層)を結合してモデルを作成
    new_model = Model(vgg16.input, model(vgg16.output))

    return new_model



# 訓練用データ（画像）と検証用データ（画像）をロード
```

```
def img_generator(classes,
            train_path,
            validation_path,
            batch_size=16,
            img_width=32,
            img_height=32):

    # ディレクトリ内の画像を読み込んでトレーニングデータとバリデーション
データの作成
    train_gen = ImageDataGenerator(rescale=1.0 / 255, zoom_ran
ge=0.2, horizontal_flip=True)

    validation_gen = ImageDataGenerator(rescale=1.0 / 255)

    # 学習用データと検証用データを取得
    train_datas = train_gen.flow_from_directory(train_path,
            target_size=(img_width, img_height),
            color_mode='rgb',
            classes=classes,
            class_mode='categorical',
            batch_size=batch_size,
            shuffle=True)

    valid_datas = validation_gen.flow_from_directory(
            validation_path,
            target_size=(img_width, img_height),
            color_mode='rgb',
            classes=classes,
            class_mode='categorical',
            batch_size=batch_size,
            shuffle=True)

    return train_datas, valid_datas
```

```
def main():
    # エポック数
    num_epoch = 20

    # バッチサイズ
    batch_size = 16

    # クラス数
    num_classes = 3

    # 分類するクラス名
    classes = ['yakan', 'donabe', 'magcup']

    # 画像の高さ，幅
    img_width = 224
    img_height = 224

    # グラフ画像のサイズ
    FIG_SIZE_WIDTH = 12
    FIG_SIZE_HEIGHT = 10
    FIG_FONT_SIZE = 25

    # データの保存先(自分の環境に応じて適宜変更)
    # トレーニング用とバリデーション用の画像格納先
    SAVE_DATA_DIR_PATH = 'C:/github/sample/python/keras/05_vgg
16/ex2_data/'

    # ディレクトリがなければ作成
    os.makedirs(SAVE_DATA_DIR_PATH, exist_ok=True)

    # モデル作成
```

```
    model = build_model(num_classes = num_classes,
                        img_width = img_width,
                        img_height = img_height)

    # 最後の畳み込み層の直前までの層が学習しない（重みを学習せずにVGG16
のまま固定：frozen)
    for layer in model.layers[:15]:
        layer.trainable = False

    # 多クラス分類を指定
    model.compile(loss = 'categorical_crossentropy',
            optimizer = optimizers.SGD(lr=1e-3, momentum=0.9),
            metrics=['accuracy'])

    # 画像のジェネレータ生成
   train_datas, valid_datas = img_generator(classes = classes,
                              train_path = SAVE_DATA_DIR_PATH + "tra
in/",
                              validation_path = SAVE_DATA_DIR_PATH +
"validation/",
                              batch_size = batch_size,
                              img_width = img_width,
                              img_height = img_height)

    # Fine-tuning
    history = model.fit_generator(train_datas,
                                  epochs = num_epoch,
                                  validation_data = valid_datas)



    # モデル構造の保存
    open(SAVE_DATA_DIR_PATH  + "model.json","w").write(model.
to_json())
```

```
    # 学習済みの重みを保存
    model.save_weights(SAVE_DATA_DIR_PATH + "weight.hdf5")

    # 学習履歴を保存
    with open(SAVE_DATA_DIR_PATH + "history.json", 'wb') as f:
        pickle.dump(history.history, f)

    # 学習過程をプロット
    plot_history(history,
                 save_graph_img_path = SAVE_DATA_DIR_PATH + "gra
ph.png",
                 fig_size_width = FIG_SIZE_WIDTH,
                 fig_size_height = FIG_SIZE_HEIGHT,
                 lim_font_size = FIG_FONT_SIZE)

if __name__ == '__main__':
    main()
```

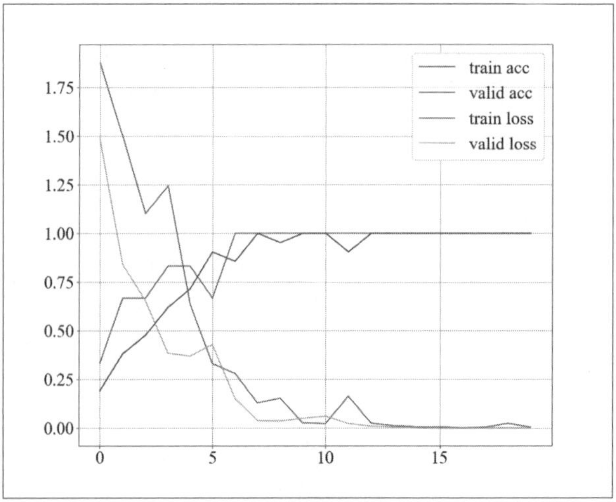

実行結果

＊

続いて、ある1枚の画像を入力して分類してみます。
試しに、データセットにない「やかん」の写真を与えてみました。

● 作成した「分類器」で「手書き画像」の分類

```
# -*- coding: utf-8 -*-
import numpy as np
import tensorflow as tf
from tensorflow.keras.models import Sequential, model_from_json
from tensorflow.keras.utils import to_categorical
from tensorflow.keras.preprocessing.image import load_img, img_
to_array
import matplotlib.pyplot as plt
import os

def main():
    # 入力画像のパラメータ
    img_width = 224 # 入力画像の幅
    img_height = 224 # 入力画像の高さ

    # データ格納用のディレクトリパス
    SAVE_DATA_DIR_PATH = "C:/github/sample/python/keras/05_vgg16/
ex2_data/"

    # ラベル
    labels =['yakan', 'donabe', 'magcup']

    # 保存したモデル構造の読み込み
    model = model_from_json(open(SAVE_DATA_DIR_PATH + "model.
json", 'r').read())

    # 保存した学習済みの重みを読み込み
```

```
    model.load_weights(SAVE_DATA_DIR_PATH + "weight.hdf5")

    # 画像の読み込み (32×32にリサイズ)
    # 正規化, 4次元配列に変換 (モデルの入力が4次元なので合わせる)
    img = load_img(SAVE_DATA_DIR_PATH + "test.jpg", target_siz
e=(img_width, img_height))
    img = img_to_array(img)
    img = img.astype('float32')/255.0
    img = np.array([img])

    # 分類機に入力データを与えて予測 (出力:各クラスの予想確率)
    y_pred = model.predict(img)

    # 最も確率の高い要素番号
    number_pred = np.argmax(y_pred)

    # 予測結果の表示
    print("y_pred:", y_pred)  # 出力値
    print("number_pred:", number_pred)  # 最も確率の高い要素番号
    print('label_pred：', labels[int(number_pred)]) # 予想ラベル
(最も確率の高い要素)

    """
    y_pred: [[0.68970644 0.24376905 0.06652448]]
    number_pred: 0
    label_pred： yakan
    """

if __name__ == '__main__':
    main()
```

索 引

五十音順

アルファベット順

[著者略歴]

西住　流（にしずみ・りゅう）

1990年代 大阪生まれ
博士前期課程修了(電気電子系、研究テーマは制御理論と画像処理)
現在は電気的特性試験の業務に従事

ブログ：西住工房 (https://algorithm.joho.info/)
YouTube: 西住工房 (https://www.youtube.com/channel/UCqm74niKmZ04XCg1Zdiqxyg)

≪質問に関して≫

本書の内容に関するご質問は、

①返信用の切手を同封した手紙
②往復はがき
③FAX(03)5269-6031
　(ご自宅のFAX番号を明記してください)
④E-mail　editors@kohgakusha.co.jp

のいずれかで、工学社I/O編集部宛にお願いします。
電話によるお問い合わせはご遠慮ください。

工学社ホームページ

「サポート」ページは、下記にあります。

http://www.kohgakusha.co.jp/

I/O BOOKS

Pythonで学ぶ機械学習

2021年9月25日　初版発行　© 2021

著　者　西住　流
発行人　星　正明
発行所　株式会社 **工学社**
〒160-0004 東京都新宿区四谷4-28-20 2F
電話　(03)5269-2041(代)[営業]
　(03)5269-6041(代)[編集]
振替口座　00150-6-22510

※定価はカバーに表示してあります。

[印刷] シナノ印刷(株)

ISBN978-4-7775-2166-1